Lebenskrisen – Lebenschancen –
eine Buchreihe,
in der Menschen aus eigenem Erleben
oder aus Anteilnahme am Schicksal eines anderen
versuchen, Ereignisse und Empfindungen
zu reflektieren und aufzuzeichnen,
die zu einem Wendepunkt im Leben führten.
Ob die Ursache der Krise
psychische oder körperliche Erkrankung,
das Scheitern einer Partnerschaft,
die Geburt eines behinderten Kindes
oder der Tod eines nahestehenden Menschen war –
sie wurde zum Anlaß, das Leben zu überdenken.

Josep M. Espinàs schrieb seine anrührenden 17 ›Briefe an meine mongoloide Tochter‹ in rascher Folge, weil, wie er selber befürchtet, das die einzige Möglichkeit für ihn war, der Selbstkritik, den Zweifeln, dem Nachdenken keine Zeit zu lassen – und letzten Endes auch der Vorsicht nicht, die ihn zum Aufgeben hätte verführen könne.
Die Briefe richten sich in Wirklichkeit nicht an Olga, sondern an den Leser und besonders an Eltern in der gleichen Situation. Der katalanische Schriftsteller wählte diesen sehr persönlichen Weg, um die Öffentlichkeit zu sensibilisieren für die Krankheit ›Down-Syndrom‹.
Der Leser lernt in Olga einen angenehmen, in Gesellschaft ruhigen und aufmerksamen, gutartigen und liebevollen Menschen kennen. Für ihren Vater ist sie ein anregender, zu Lebensweisheit und christlicher Tugend erziehender Umgang. Er fragt nicht, warum, sondern sieht die Chance zur Bereicherung durch die gegenseitige Liebe.

Josep M. Espinàs wurde 1927 in Barcelona geboren. Er schrieb Romane, Reiseschilderungen, sozio-literarische Reportagen über verschiedene Aspekte Barcelonas und Kataloniens sowie humanistische Essays. Er erhielt zahlreiche Literaturpreise.

Josep M. Espinàs

Dein Name ist Olga

Briefe an meine mongoloide Tochter

Mit einem Vorwort von J. M. Gironella
Aus dem Spanischen von Hans Leopold Davi

Fischer
Taschenbuch
Verlag

Lebenskrisen – Lebenschancen

Veröffentlicht im Fischer Taschenbuch Verlag GmbH,
Frankfurt am Main, Juni 1994

Lizenzausgabe mit freundlicher Genehmigung des
pendo-verlags, Zürich

Gesamtherstellung: Clausen & Bosse, Leck
Printed in Germany
ISBN 3-596-11887-5

Gedruckt auf chlor- und säurefreiem Papier

Inhalt

Vorwort von Josep Maria Gironella 7
Meinem Freund, dem Leser 11
1 Nie hatten wir uns das vorgestellt 13
2 Etwas mehr dienen 17
3 Normale Eltern 22
4 Intellektuell, geistig, psychisch 26
5 Deine Gefühle 31
6 Es macht Dir Spaß, etwas zu unternehmen . . 36
7 Jedem sein eigenes Leben 40
8 Was ist Fortschritt? 45
9 Was wir gemeinsam haben 50
10 Meine Sekretärin 55
11 Ich will nicht wissen, warum 60
12 Was bedeutet ›menschliches Leben‹ 65
13 Dein Friede und Dein Himmel 70
14 Die Vaterrolle 74
15 Nichts fordern 79
16 Ein einmaliges Geheimnis 84
17 Noch sind wir zusammen 88

Vorwort

Giovanni Papini hat einmal geschrieben: »Es freut mich zu sehen, wie die Feder zweifelt und zittert.« Eben das widerfährt mir beim Vorwort zu diesem dem Anschein nach schmalen Buch: Meine Feder »zweifelt und zittert« beim Gedanken, mit dem Wort nicht genau das zu treffen, was ich empfand, als ich um Mitternacht, umgeben von seinem Frieden, den Olga liebt, die Briefe in einem Zug las. Es fiele mir leichter, ein Vorwort zu einer Enzyklopädie des Wissens zu schreiben. Hier handelt es sich um eine Enzyklopädie der Vaterliebe, durchdacht bis zu den letzten Konsequenzen. Das Ende des Buches gibt als Datum ›Juni-Juli 1986‹ an, und der Autor behauptet, es auch in einem Zug geschrieben zu haben – in der Morgenfrühe, während alle im Hause schliefen, während Du, Olga, schliefst und vielleicht träumtest, daß jemand versuche, Dir zu erklären, worin das Down-Syndrom bestehe.

Dein Vater, Olga, mag nicht die gebräuchlichen Etiketten, womit Dein So-Sein bestimmt wird. *Down-Syndrom* scheint ihm zu neutral und technisch. *Abnormal* hat einen unpassenden, abschätzigen, abweisenden Beigeschmack. *Geistig schwach* befriedigt ihn auch nicht, weil Deine *Psyche* ebenso reich oder noch reicher ist als die all jener Menschen, die – wie wir – selbstgenügsam durch die Welt ziehen. Er neigt mehr zu *intellektuell schwach*. Das ist möglicherweise der passende Ausdruck. Eine Prüfung in Philologie oder Rechtskunde würdest Du zweifellos nie bestehen, hingegen haben alle jene, die um Dich herum sind, stets Menschlichkeit, Verständnis, Freude von Dir erfahren und oft eine erheiternde Ironie, wie etwa bei der ›Doppelten Fleischbrühe Starlux‹ oder dem Worte ›Kliklikla, Kliklikla‹ statt des Wortes Klinik, das Du offenbar nicht zu buchstabieren vermagst.

Man könnte sagen, diese siebzehn Briefe seien auf den Fußspitzen geschrieben worden, als wollten sie keinen Lärm machen. Josep Maria Espinàs hat versucht, möglichst zu differenzieren, und der Versuch ist ihm gelungen. Es ist ein Buch, das von innen nach außen geschrieben worden ist – und das ist die einzige Methode, soll ein Text echt werden. Zunächst tönt das Wort ›mongoloid‹ wie eine Ohrfeige, vor allem für all jene, denen die entsprechende Erfahrung fehlt; ganz langsam gelangt Josep Maria Espinàs zur Überzeugung, daß sich dank einer inneren Läuterung das, was man als Heimsuchung betrachten könnte, in eine Lehrzeit verwandelt. Olgas Persönlichkeit hat in mir eine höchst bereichernde Wirkung ausgelöst. Ich selber habe keine Kinder bekommen können und habe mich oft mit dem Gedanken darüber getröstet: »Wie gut! So bin ich nicht Gefahr gelaufen, daß mir ein abnormales Kind geboren wird.« Eine erschreckend selbstsüchtige Haltung, ich weiß. Als ich daher dank diesem ›Brevier‹ inne wurde, daß eine solche Laune der Natur nicht unbedingt unnützen Schmerz, eine ungewollte und gnadenlose Tragödie bedeutet, war ich bestürzt und wurde nachdenklich: Wieder einmal begriff ich, wie sehr wir auf Grund von Gemeinplätzen zu reagieren geneigt sind.

Olga, auf Grund dessen, was Dein Vater über Dich erzählt, und weil er meint, daß es Dir Spaß mache, ›Freunde‹ zu haben, habe ich Lust, Dich kennenzulernen. Auch weil solche ›Freunde‹ in den ›Himmel kommen‹, in einen Himmel, den Du Dir vorstellst, den Du für Dich ausgedacht hast und an den auch Dein Vater glaubt. Dagegen benützest Du angeblich nie das Wort ›Hölle‹, sei es, weil Du dieses Wort nicht kennst, sei es, weil die Pfarrer und Klosterschwestern nie von ihr gesprochen haben.

Olga, Dein Name ist Olga und der Deines Vaters ist wie der meine, Josep Maria. Beim Umwenden der letzten Seiten dieses reinen und genauen Buches fühlte ich mich Dir und Deiner Familie sonderbar nahe, als hätten wir seit Deiner Geburt jede Weihnacht gemeinsam gefeiert. Es ist ein Weihnachtsbuch, nicht eines der Karwoche. Die Stationen des Kreuzwegs sind gesäumt von Lilien und Mohnblumen, und an jeder Weihnacht dürfte Deine Rolle die eines naiven Hirten gewesen sein – im römischen Recht bedeutet ›naiv‹ der ›Freigeborene‹ – einer, der mit vollen Händen die ganze Fülle seelischer Schönheit verschenkt. Du hast Deinem Vater nichts zu verdanken, da er Deinetwegen gelernt hat, gütig zu sein; wir, die Leser, haben ihm zu danken, daß er in unsere Hände siebzehn Texte gelegt hat, voller Feinheiten und Weisheiten, gekleidet in eine köstlich schmucklose Prosa, die jeden, der sich nicht einer absurden Leichtfertigkeit verschrieben hat, zu ergreifen vermag.

Josep Maria Gironella

Meinem Freund, dem Leser

Ihr sagt mongoloid
Wir sagen Down-Syndrom
*Seine Freunde rufen ihn beim Namen**

Dies ist ein Buch, das ich schreiben mußte.
Ich habe es in einem Zug geschrieben, vielleicht deshalb, weil das die einzige Möglichkeit war, der Selbstkritik, den Zweifeln, dem Nachdenken keine Zeit zu lassen – und letzten Endes auch der Vorsicht nicht, die mich zum Aufgeben hätte führen können.
Es ist möglich, daß nicht alles, was ich in diesem Buch über meine mongoloide Tochter, über mich selbst, über die andern und das Leben sage, der absoluten Wahrheit entspricht, aber es ist das, was ich denke und fühle. Ich bin mir bewußt, es gibt da einiges, was anfechtbar ist; wie bei jedem öffentlichen Bekenntnis.
Mit den Jahren ist in mir die Überzeugung gereift, daß die Beziehung zwischen Olga und mir keine ausschließlich private Angelegenheit ist; und gewiß hat mich meine Eigenschaft als Schriftsteller zu dem Risiko verführt, die Grenzen des Privaten zu überschreiten. Durch Risiko, durch Gefahr finden wir oft neue Freunde; und ich möchte allen Olgas der Welt immer mehr neue Freunde wünschen.
Deshalb mußte ich diese Seiten schreiben, und ich müßte

* Übersetzung des Plakattextes der *Fundació Catalana per a la Sindrome de Down*

sehr bedauern, es nicht getan zu haben, denn falls in diesem Buch etwas Gültiges steckt, ist es, so meine ich, die Liebe zum Leben.

J. M. Espinàs

Nie hatten wir uns das vorgestellt

1

Liebe Olga,

nie hatten wir uns vorgestellt, daß Du nicht normal sein könntest, wie man so sagt.
Ich sage Dir aufrichtig: Wir hatten uns nichts vorgestellt, wir hatten Dich uns auf keine bestimmte Art vorgestellt. Es sollte ein Sohn geboren werden, oder eine Tochter, weiter nichts. Damals – vor zweiunddreißig Jahren – konnte man das Geschlecht noch nicht vor der Geburt kennen, und die Eltern pflegten im voraus zwei Namen zu wählen, einen männlichen und einen weiblichen, um auf die Überraschung vorbereitet zu sein.
Es ist seltsam, aber ich erinnere mich nicht, welchen Namen wir uns ausgedacht hatten für den Fall, daß Du ein Sohn gewesen wärest. Falls wir einen gewählt hatten, so ist er jedenfalls wie ausgelöscht. Weißt Du, Olga, wieviel unnötige Sorgen Du aus unserm Leben getilgt hast? Nein, wir stellten uns nicht vor, daß wir eine Tochter wie Dich haben könnten.
Vielleicht gibt es heute mehr Menschen, die mit dieser Möglichkeit rechnen, weil man mehr von Euch spricht und Ihr mehr auf die Straße geht und älter werdet, und allmählich akzeptiert man Eure Anwesenheit; für heutige Eltern kann das Erscheinen eines mongoloiden Kindes *kummervoll* sein, aber 1954 war es überhaupt kaum *denkbar*.
Obwohl mich – nicht zu glauben! – zwei Sommer ehe Du

geboren wurdest, jemand bat, jenes Heim zu besuchen, das Doktor Jeroni de Moragas gegründet hatte und wo jener bewunderungswerte Pädagoge Kinder wie Dich betreute. Damals schrieb ich im ›Destino‹, und einige Zeilen von mir konnten jener Schule nützlich sein und folglich auch den Moragas', die, wie mir schien, in einer schweren Nachkriegszeit lebten. Ich verließ jenes Haus an der Iradier-Straße mit eingeschnürtem Herzen, ich gebe es zu, und vielleicht auch habe ich darum immer jene Leute verstanden, die bei Eurem Anblick eine unwillkürliche Abwehrhaltung nicht vermeiden können. Mir scheint das vollkommen natürlich, wobei ich gleichzeitig glaube, daß die Natur genügend barmherzig mit Euch ist, daß Ihr es nicht merkt. In jenem Monat Juli 1952 schrieb mir Jeroni de Moragas einen Brief, den ich aufbewahrt habe, obwohl ich damals nicht voraussehen konnte, was er später für mich bedeuten sollte: »Lieber Freund, Dank, vielen Dank für die gelungene Reportage – genau, klar und treffend. Sie haben mir einen großen Dienst erwiesen. Vor allem für jenen so treffenden Ausdruck, der mir nie eingefallen wäre: ›die geminderte Kindheit‹. Er sagt alles aus, was er aussagen soll, und das mit größtmöglicher Liebe. Ab heute werde ich ihn verwenden.« Der Freund Moragas – der auch Dein Freund hätte sein können, Olga, denn Du hast das Glück gehabt, viele Freunde zu treffen, aber davon werden wir ein andermal sprechen – sah in der Idee von *geistig gemindert* einen Liebes-Ausdruck, weil das zu jener Zeit gebrauchte *anomal* (und später *abnormal*) doch wie eine Ohrfeige klang. Trotzdem, heute würde ich seinem Satz »Er sagt alles aus, was er aussagen soll, und das mit der größtmöglichen Liebe« widersprechen.

Ich habe gelernt, daß die höchste Liebe einen in diesem Falle – und gewiß auch in andern Fällen – dahin führt, die

Dinge mit dem genauen Wort zu benennen oder wenigstens mit dem Wort, wodurch sich der Mensch mit der Wirklichkeit identifizieren kann. Mit der Zeit haben wir das Recht erlangt, uns als Eltern eines *abnormalen Kindes* öffentlich zu zeigen, und allein die Tatsache, daß wir das Wort gebrauchten, das sich die andern, aus Takt, nicht getrauten, vor uns auf unser Kind anzuwenden, glaube ich, war schon ein Akt der Liebe.

Einige werden sagen, liebe Olga, Du seist ›behindert‹, aber mach Dir keine Sorgen: Es ist wahr, obschon es nicht die ganze Wahrheit ist. Andere werden Dich als ›subnormal‹ bezeichnen, und wir werden es auch annehmen, nicht wahr? Denn es geht nicht darum, eine Realität zu verbergen, mit Spitzfindigkeiten Spiegelfechterei zu treiben, was nun ›normal‹ und was ›abnormal‹ sei. Falls sie ›mongoloid‹ denken, machen sie eine andere Annäherung, die auch gültig ist; und wenn sie genau angeben, Du seist ein Mädchen mit einem Down-Syndrom, ist der Ton schon neutraler. Aber was soll's?

Schau, meine Tochter, ich weiß, wer Du *bist*, und kein Etikett-Wort, kein Befund, der Euch zu ›erklären‹ versucht – Dich, zusammen mit all Deinen Freunden –, wird das erfassen können.

Du weißt es auch, und wenn Du an mein Arbeitszimmer klopfst, worin ich mich zum Schreiben eingeschlossen habe, um mir Bescheid zu geben, daß das Nachtessen bereit sei oder daß das Telefon läute, sagst Du es ganz deutlich: Ich bin's, Olga.

Ich bin's. Wir alle sind ich. Nur gelingt es uns nicht, das zu verstehen, weil wir nur ›ich‹ verwenden, um von ›mir selber‹ zu sprechen. Die Grammatik hat uns gelehrt zu unterscheiden: ich, du, er, sie, wir, ihr, sie; das heißt, die andern sind nicht ›ich‹.

Diese grammatikalische Norm zu beachten ist für ein

richtiges *Sprechen* unerläßlich; aber an sie zu glauben, als wäre sie eine Wahrheit, ist dem richtigen *Denken* sehr schädlich. Wir sind bereit zu glauben, daß wir das einzige wahre ›Ich‹ sind; dabei ist ja sicher, daß jeder andere für sich selbst ebenfalls ein ›Ich‹ ist, und wir sind sein ›Du‹ oder sein ›Er‹.

Du bist es gewesen, Olga, die mir am meisten geholfen hat, dies einzusehen. Weil Du mich gezwungen hast – ja, mit gutem Gewissen gezwungen hast – anzuerkennen, daß ich Dich nicht nur als ›Du‹ oder als ›sie‹ sehen darf, als eine Person außerhalb meiner selbst, die von einer zweitrangigen oder untergeordneten Ebene aus in Beziehung zu mir stünde. Du hast mich zum Nachdenken darüber gebracht, *wer* Du seist, welches Deine Rechte seien, daß Du nicht bist wie all die Menschen, die man als Außenseiter im Leben zu sehen gewöhnt ist. Ich habe mich von der ›Ich‹-Vision der Welt trennen müssen, um verstehen zu können, daß auch Du ein *Zentrum* menschlichen Lebens bist, daß Du so sehr ›Ich‹, so sehr Hauptperson und also so einmalig und so *wesentlich* bist in Deinem Universum, wie es jede andere Person in ihrem sein kann.

Mein Universum ist umfassender. Darin besteht der einzige Unterschied – ein gewiß unbedeutender Unterschied für den, der nicht ein krankes, ein aufgeblähtes ›Ich‹ besitzt. Hat vielleicht ein Grashalm kein ›Ich‹, weil er keine Eiche ist?

Du weißt es nicht, aber jedes Mal, wenn Du Dich näherst und sagst *Ich bin's,* stellst Du nicht nur Dich genau an Deinen Platz, sondern es gelingt Dir auch, daß ich meinen anerkenne – ich bin ›Du‹ für Dich; und noch mehr: Du rückst alle Dinge dieser Welt an ihren Platz.

Etwas mehr dienen

2

Liebe Olga,

ich habe Dir schon gesagt, daß wir uns nie vorgestellt hatten, Du könntest nicht normal sein; aber die ganze Wahrheit ist, daß wir es auch nach der Geburt nicht vermuteten. Wir haben es weder voraussehen noch sehen *können*.
Uns mangelte die Erfahrung. Vermutlich hat es der Geburtshelfer gleich bemerkt, aber er hat uns nichts gesagt. Niemand machte uns aufmerksam, bis einige Zeit verstrichen war, viele Wochen oder sogar Monate, und es ziemlich augenfällig wurde, daß Deine Reaktionen nicht die üblichen waren. Ich glaube, daß wir durch diese Unwissenheit und Naivität unsern Verwandten und auch dem Kinderarzt viel Kummer bereitet haben, und es schmerzt mich heute, daß ich ihnen nicht habe ein wenig helfen können. Schließlich sagte uns eines Tages Doktor Renau, der Kinderarzt, ein rechtschaffener Mann, daß Du, Olga, wohl nicht fähig sein werdest, zu studieren, aber Du könntest ein Hausmädchen abgeben... Erst da begannen wir hellhörig zu werden. Mit welchem Recht wagten sie, jetzt schon vorauszusagen, daß Du in Zukunft keine gute Schülerin sein werdest?...
Im nachhinein denke ich, daß jene Zeit der Unentschiedenheit, jenes Die-Zeit-Verstreichenlassen, das ganz allmähliche und selbständige Entdecken der Wahrheit – ohne ein jähes Urteil – für unser Reifen positiv war und

dazu beitrug, daß der typische ›Aufstand gegen die Diagnose‹ gering ausfiel.

Liebe Olga, sie ›etikettierten‹ Dich nicht unmäßig rasch und endgültig, um Dich uns als ein ›Unglück‹ hinzustellen. Wir hatten Zeit, mit den Sorgen zusammenzuleben, zu lernen, daß Du uns um Sonderanstrengungen batest, und als wir es endgültig verstanden hatten, bildetest Du schon einen Teil unserer ›Normalität‹. Ich sage das, weil es wahr ist: Es gab nie ein Drama. Zu Hause hat es nie irgendeinen Aufruhr gegeben, weder ein lautes Wort noch Mutlosigkeit um Deinetwillen, Olga. Merkst Du, daß ich nicht sage, Deiner Schuld wegen, sondern um Deinetwillen? Oft scheint es mir merkwürdig, daß wir uns in keinem Augenblick die bittere Fragen stellten: Warum? Es hat keinen Sinn, daß wir uns die Frage stellen, »Warum hat es *uns* getroffen?«, wenn wir nicht gleichzeitig fragen, warum es *Dich* getroffen hat. Und wenn wir uns beide Fragen stellen, wird die Antwort notwendigerweise überflüssig und wird ersetzt durch die aufhellende Annahme des Lebenszufalls. Der Zufall hat uns schließlich vereint.

Du hattest nach der Geburt nicht den Sauginstinkt, und damit Du überleben konntest, mußten wir Dich tropfenweise ernähren. Wir füllten eine Injektionsspritze – ohne die Nadel – mit Milch und führten sie zwischen Deine unbewegten Lippen. Ohne Zweifel bekam es Dir wohl – denn Du wurdest immer größer – und uns auch. Es fiel uns eine unerwartete Verantwortung zu, und jung, wie wir waren, mußten wir uns darin üben – auch tropfenweise –, sie anzunehmen.

Ich bin kein sehr geduldiger Mensch, scheint mir. Ohne Dich wäre ich es noch weniger. Die normalen Leute, Olga, haben natürliche Eigenschaften, welche die ›bequemen‹ sind, und andere Eigenschaften, die sie erst

durch die Unbequemlichkeit einer *erzwungenen* Lehrzeit erwerben oder verbessern. Oft sagen wir: »Dazu tauge ich nicht«, weil... weil es uns nicht spontan leichtfällt; was wir dadurch in der Tat ausdrücken – ohne es uns einzugestehen –, ist: »Ich tauge nicht dazu zu versuchen, ob ich dazu tauge.« Nur in Ausnahmefällen oder unter einem Druck, der uns zur Entscheidung zwischen dem Wagnis und einer allzu verheerenden Niederlage zwingt, durchbrechen wir das Trägheitsprinzip und erkunden unsre Möglichkeiten. Du, Olga, handelst auch so: Du bist so ›bequem‹ – Dein Wort – wie wir. Seit Du ein ›krankes‹ Bein hast, nimmst Du meine Hand, wenn wir miteinander auf holprigem Gelände gehen. Aber wenn es Dich am Wochenende in Solius interessiert, ob die Cots in ihrem Haus einige Schritte von dem unseren entfernt angekommen sind, um Dich am nächsten Tag im Auto zur Messe zu fahren, gehst Du ganz selbständig hin und überquerst kleine Gräben und ersteigst Treppenstufen ohne Hilfe. Manchmal habe ich Dich von ferne beobachtet, und ich weiß, was es Dich kostet, einen bestimmten Schritt zu tun. Aber Du setzt Deinen Kopf durch. Du taugst für viel mehr, als Du glaubst. Alle taugen für mehr, wenn wir nicht bedient werden können.
Du hast mich gelehrt, mich etwas mehr zu überwinden und das, bedingt durch Dich, sogar natürlich zu finden. Du bist einer jener ›Ausnahmefälle‹, von denen ich vorhin sprach: Vorher kannte ich nur die Alternative ›Verzicht oder begeisterter Einsatz‹. Du weißt, daß ich öffentlich als Sänger aufgetreten bin, daß ich in den Zeitungen und im Fernsehen erscheine; aber Du weißt nicht, daß manche von meiner Willenskraft, meiner Kraft der Selbstüberwindung reden. Die Ergebnisse sind zwar bescheiden, aber es stimmt, daß ich ein ›Willensmensch‹ bin. Was sie nicht wissen, ist, daß Du es bist, die mich

aufgeweckt und zu diesem Willen erzogen hat. Das verdanke ich Dir.
Und Deinem Beispiel. Denn beim Heranwachsen hast Du einen gewaltigen Willen bewiesen, den auch Deine Lehrer in der Boscana gerühmt haben.
Alles lerntest Du mit Verspätung; es kostete Dich Mühe, gehen zu lernen. Jene ersten, so unbeholfenen Schritte waren sehr wichtige Schritte zu Deiner Unabhängigkeit und Deinen Möglichkeiten gesellschaftlicher Beziehungen. Einige Jahre darauf griff der widrige Zufall sehr ernst ein: Eine Ansteckung oder ich weiß nicht was, zerstörte das Gelenk und den Kopf eines Oberschenkelknochens, und sie mußten Dich operieren. Danach war das Bein kürzer. Du verbrachtest eine Zeitlang im Bett, und ich zweifelte, ob Du jemals wieder fähig sein werdest, nochmals zu lernen, was Dir schon so schwergefallen war, als Du physisch noch keine Probleme hattest. Aber Dein Wille wuchs ins ›Super-Normale‹, und nur Du kannst wissen, wie Du wieder zum Gehen kamst, indem Du, auf zwei Stühle gestützt, langsam versuchtest, Schritte zu üben.
Bei den Schulaufgaben, auch mit hinkendem Bein, hast Du nie aufgegeben. Ich bewunderte Dich sehr an jenem Tag, da mir die Lehrerin erzählte, was Du ihr gesagt hattest. »Ich kann alleine nicht hier hinaufsteigen wie die andern, aber lege deinen Arm so hin, und du wirst schon sehn ...«
Das wäre eine vorbildliche Formel für alle: Hilfe anzufordern, aber gerade im richtigen und notwendigen Maß, um unsre äußerste Anstrengung zu ergänzen. Wir sind, Olga, oft zu stolz und erbitten nicht diese Hilfe, und oft sind wir zu frech oder zu verwöhnt und verlangen von den andern, was wir selber tun müßten.
Für Dich ist es sehr klar, meine Tochter: Du tust, was Du

kannst, und für das, was jenseits Deines guten Willens liegt, bittest Du andere, Dir zu helfen.
Und ich spüre, ich weiß nicht was, wenn Du jeweils so ernsthaft, so bewußt ›bitte‹ sagst.

Normale Eltern

3

Liebe Olga,

es ist so schön, wenn Du mit Deinem ›bitte‹ verlangst, daß ich etwas für Dich tun *soll.*
Durch Deine Art zu sein hast Du mir nie eine Pflicht zur Last gemacht; nicht einmal die, öffentlich einzustehen und Rechte zu verteidigen für jene, die wie Du sind.
Alles begann damit, daß eines Nachmittags ein Ehepaar, die Martínez aus Foix, zu mir nach Hause kam. Ich kannte sie nicht. Ich weiß nicht, wie das Gespräch begann, aber nach einer kurzen Weile stellte es sich heraus, daß sie die Eltern eines geistig behinderten Kindes und Mitglieder einer kürzlich gegründeten Vereinigung waren. Sie wandten sich an mich, weil ich an Zeitungen schreiben und ihnen helfen könne, die Aspanias – dies der Name der Elternvereinigung – bekannt zu machen und die Gesellschaft für ein Thema zu sensibilisieren, das praktisch tabu sei.
Sie taten das mit sehr viel Feingefühl. Sie unterließen jede Anspielung darauf, daß ich mich ja in der gleichen Lage wie sie befände. Sie wußten es natürlich und waren darum zu mir gekommen, aber sie achteten meine Freiheit. Und das war gut und richtig; der Beweis dafür: Ich begann bald von Dir, Olga, zu sprechen, und ich glaube, wir fühlten uns dabei alle erleichtert.
Seit jenem Tag gehöre ich der Aspanias an und habe längere Zeit dort mitgearbeitet, wenn auch nur in beschei-

denem Maße. Die anderen Mitglieder des Vorstandes setzten sich praktisch viel intensiver ein, opferten großzügig Zeit und Energie. Sie begegneten dabei oft einem unglaublichen Unverständnis von seiten der Zivilbehörden und Verbände, aber auch dem Schweigen von Eltern, die Kinder hatten wie Dich; einem Schweigen, das allerdings verständlich ist. Denn, Olga, weißt Du, diese Leute hatten sich daran gewöhnt, ihre Kinder zu verstecken, und wir dürfen sie heute nicht anklagen und uns dadurch als Gerechte aufspielen. Nur wenige Jahre zurück – wie hätte ich mich verhalten? Was hätte ich getan, damals, unter andern Umständen? Wenn meine Bildung und mein Charakter andere gewesen, wenn – wer weiß – die Martínez aus Foix nicht gekommen wären oder auch wenn Du nicht so angenehm gewesen wärest? Ja, Du bist ein äußerst angenehmer und liebevoller Mensch, Olga, und anregend auch: Du weckst ein Gefühl der Solidarität.

Freilich akzeptieren das unter Tausenden nur einige wenige Eltern. Es mußte etwas unternommen werden, um jene andern von irrigen Schuldgefühlen, vom gesellschaftlich bedingten Gefühl der Schande, der Ohnmacht, des Mißerfolgs zu befreien. Es war notwendig, das Problem zu ventilieren, wie man zu sagen pflegt, und es an die Öffentlichkeit zu bringen. Und dazu mußten wir selber auf die Straße gehen. Wenn wir den Mut dazu nicht aufbrachten, wie konnten wir das von andern verlangen?

Meine Mitarbeit bestand darin, daß ich Beiträge für die Zeitung abfassen half und – als einigermaßen bekannte Persönlichkeit – bestimmte Besucher begleitete. Ich wandte meine Zeit darauf, Artikel zu schreiben, in denen ich als Vater auf den Mangel öffentlicher Aufmerksamkeit gegenüber diesen nicht normalen Menschen hinwies, und organisierte die ersten künstlerischen Festspiele, deren Absicht weniger war, Geld einzubringen, als ein bis dahin totgeschwiegenes Thema zu einem öffentlichen zu machen.

Ich muß Dir sagen, Olga, daß weder ich noch meine Freunde bei unsern Bemühungen an unsere eigenen Kinder dachten. Es war uns völlig klar, daß wir zeitlich nicht mehr in der Lage waren, unsere Fälle zu lösen, sondern daß wir für spätere Generationen zu arbeiten hatten, indem wir eine Bewegung in Gang brachten, die es zukünftigen Eltern von abnormalen Kindern erlauben würde, in jeder Beziehung bessere Bedingungen vorzufinden: allen zugängliche ärztliche Hilfe, Schulungszentren, wirtschaftliche Unterstützung, gesellschaftliche Solidarität...

Wir hatten damals das *nova cançó* herausgebracht, das mir soviel Freude bereitete, aber eines Tages auch Bitternis. Ich erhielt ein anonymes Schreiben, das ich dann zwar gleich zerriß, das ich aber immer in Erinnerung behalten habe. Es lautete: »Unglaublich, daß Du eine mongoloide Tochter hast und dabei die Unverschämtheit und die Taktlosigkeit, als Sänger aufzutreten.« Der Unbekannte wollte mich verletzen; aber es gelang ihm nur, mich in meinem Vorhaben zu stärken, so daß ich mit noch mehr Überzeugung als Sänger auftrat. Nach dem Willen des anonymen Einsenders hätte ich mich in ein ›Opfer‹ von Dir, Olga, verwandeln sollen, und bei dieser Selbstverstümmelung meiner Person wärest Du unvermeidlich ein Opfer meiner Störung geworden.

Ich sehe es seit einiger Zeit sehr klar: Das erste Recht abnormaler Kinder ist, *normale Eltern* zu haben.

›Normal‹ will heißen, Eltern, die ihr behindertes Kind annehmen als ein menschliches Wesen, das sie in ihr Leben *eingliedern*, damit es nicht zerstört werde.

›Normal‹ will heißen, Eltern, die merken, daß die Beziehung zu dem Kinde vereinbar ist mit den natürlichen Beziehungen zum Rest der Familie, zu den Freunden, zu jedermann.
›Normal‹ will heißen, Eltern, die nicht zusammenbrechen unter dem Schicksalsschlag, sondern es verstehen, die kleinen oder die großen Freuden, die das Leben auch bietet, zu lieben.
›Normal‹ will heißen, Eltern, die nicht auf Grund eines falschen schlechten Gewissens ihre Selbstkasteiung genießen.
›Normal‹ will heißen, Eltern, die – statt krankhaft ihre Sonderstellung als Eltern zu kultivieren – konstruktiv auf ihrer Normalität als *Menschen* bestehen.
Deine Freunde und Du, Olga, brauchen Eltern, die fähig sind zu lachen, sich für irgendein Vorhaben zu begeistern, zu tanzen, mit Freunden zum Essen auszugehen, fröhlich zu sein, andere mit Freude und nicht mit Trübsal anzustecken, die eine Mitte haben, die Behagen und nicht Beklemmung ausstrahlt; Eltern, die nicht ständig an euch denken, denn ihr braucht Eltern, die im Geist und im Gemüt offen und gesund sind.
Mehr als andere Kinder braucht ihr *normale* Eltern.
Und die singen!
Du singst sehr gern, Olga. Wenn Du wüßtest wie glücklich ich mich fühle, wenn Du singst...!
Aber sag mir: Warum kann ich nicht singen, wenn Du singst? Warum nicht?

Intellektuell, geistig, psychisch

4

Liebe Olga,

Du hast es schön gehabt, gestern, als wir außerhalb von Barcelona zum Mittagessen bei *neuen* Freunden eingeladen waren. Du liebst es, *neue* Freunde – wie Du sagst – zu gewinnen. Es freut Dich, viele Freunde zu haben, und in der Tat, Du hast sie auch. Alle unsere Freunde sind auch Deine Freunde, und wir müssen zugeben, daß wir viel Glück gehabt haben. Um uns herum sind verständnisvolle, liebenswürdige, gescheite und feinfühlige Menschen.

Aber wenn das so leicht ging, dann deshalb, weil wir mit Dir Glück gehabt haben. Du bist die taktvollste und besterzogene Person, die ich kenne. Wenn ich gesagt habe, daß Du nie im Wege stehst, könnte man meinen, Du seist in Gesellschaft passiv, wie ein Objekt. Doch im Gegenteil, Du nimmst Anteil an allem und bist aufmerksam, wenn gesprochen oder etwas getan wird, aber Du hast ein ungewöhnliches Gespür fürs Maßvolle und hältst Dein Benehmen im Erwachsenenkreis vollkommen im Zügel.

Merkwürdig, daß Du als ziemlich kleines Kind schon lieber bei den Erwachsenen warst. Wenn in einer Gesellschaft oder an einem Fest gesagt wurde, »die Erwachsenen hier, ihr, die Kleinen, könnt dort am Tisch oder im Garten vespern«, nahm man ohne weiteres an, daß Du – Deines Wuchses wegen, aber auch, weil Du bist wie Du bist – mit den ›Kleinen‹ gehen werdest. Du hast Dich auch oft zu ihnen gesellt – dann nämlich, wenn das Fest eigentlich für Kinder, für Knaben und Mädchen bestimmt war; aber wenn Du die Wahl hattest, dann wähltest Du die Erwachsenen.

Die Fachleute sprechen vom *geistigen Alter* von Deinesgleichen. Schau, die Wahrheit ist, daß ich nicht ganz ihrer Meinung bin. Welches ist *Dein geistiges Alter* jetzt? Es müßte wohl einen ›Test‹ geben, der besagte, sechs Jahre oder vielleicht acht oder zehn, ich weiß es nicht. Es ist eine mit Zahlen getarnte Unwahrheit. Dir gelingt es nicht, Rechenaufgaben zu lösen, die ein siebenjähriges Mädchen zu lösen vermag; aber Du hast ein Verständnis für menschliches Benehmen, für zwischenmenschliche Beziehungen, für den Wert dessen, was die andern sagen, ein Verständnis, das Kindern sonst abgeht. Mir scheint ganz und gar nicht, Du habest einen infantilen Geist, und ich bin überzeugt, es ist ein Irrtum, den *Intelligenz-Quotienten* mit dem echten *geistigen Alter* zu verwechseln. Du bist sicher unfähig, manchen Stoff zu erlernen, den der traditionelle Schul*unterricht* vermittelt, aber der *Geist* ist etwas anderes; und Dein Geist arbeitet in bestimmten Belangen, die ich vom menschlichen Standpunkt aus sehr hoch einschätze, so einwandfrei, daß er mir so *erwachsen* erscheint wie Dein Körper.

Deshalb habe ich auch zusehends immer mehr Mühe mit dem Begriff ›geistig zurückgeblieben‹ in bezug auf Fälle wie den Deinen – und mehr noch mit ›psychisch zurückgeblieben‹, aber davon ein andermal. Wenn der Geist, laut Definition, die Erkenntnisfähigkeit ist, dann ist der Deine auf einem gewissen Gebiet vermindert, aber Du bist imstande, Sachverhalte, Verhaltensweisen, Zustände mit einer Differenziertheit wahrzunehmen, vernünftig zu deuten oder darauf zu reagieren, die mir gar nicht infantil oder zurückgeblieben scheint.

Aber ich halte hier inne; denn ich schreibe diese Seiten ja nicht, um mich als Gelehrten zu profilieren; auch will ich ja nichts gegen das Reden über Menschen mit solchen ›geistigen Defekten‹ sagen, auch wenn ich diese Bezeichnung für unzureichend halte: Je mehr über sie geredet wird, um so besser. Ich möchte mehr über Dich reden, darüber, wie es Dir gelungen ist, so viele Freunde zu haben, und wie Du Dich fühlst ›unter den Deinen‹, wenn Du mit Erwachsenen zusammen bist. Du hast Stunden und Stunden damit verbracht, uns zuzuhören, und oft betrachte ich Dich verstohlen, ohne es selber zu merken, aber Du merkst es und wirfst mir einen komplizenhaften Blick zu, den nur wir verstehen. Als Beobachterin entgeht Dir nicht, wenn jemand allzu leidenschaftlich oder aufgeregt erscheint; Du blickst dann zu mir hinüber auf eine Art und Weise, die bedeutet: »So was!« – mit jener Dir eigenen Ironie.

Du bist wie ich ein Nachtmensch. Wenn wir zu Freunden zum Nachtessen gehen und sich das Gespräch in die Länge zieht bis zwei oder drei Uhr früh, übermannt Dich nicht der Schlaf, noch wünschest Du, zu Bett zu gehn. Als wir in jener Gruppe von acht Freunden (Du kennst sie, die, mit denen wir zusammen in die Schweiz reisten) an einem Samstag in Argentona zum Abendessen beisammensaßen – wir verbrachten das Wochenende dort –, hatten Joan und Montse das Essen eigens im Hause ihrer Mutter arrangiert, weil wir dort schliefen, damit Du in vorgerückter Stunde, wenn Du müde würdest, Dich zurückziehen könntest. Du hast bis zum Schluß durchgehalten, wie immer. Solange Leute da sind und Gesprächspartner, ist es aussichtslos, Dich ins Bett zu lokken. Ich weiß nicht genau, was Du erlebst bei diesem in der Regel eher stillen, aber so ausdauernden und fast störrischen Dabeisein. Später machst Du mir gegenüber oft eine Bemerkung, die mich vermuten ließe, Du habest voll aufgenommen, was gesagt wurde, wenn ich nicht wüßte, daß dies unmöglich ist. Es ist sicher, daß Dir viele Dinge entgehen, weil die normalen Erwachsenen mit zahlreichen Anspielungen auf geschichtliche Ereignisse oder auf Lebenserfahrungen, die Du nicht kennen kannst, zu sprechen pflegen. Gerade mein Bewußtsein von Dir hat mich entdecken lassen, daß wir im Gespräch immer wieder an Äußerungen anknüpfen, wie »das könnte ein zweites Vietnam geben«, »das war, als Porcioles Bürgermeister war« oder »die sehr schönen Orte Italiens sind teure Orte«. All das sagt Dir nichts, aber Du scheinst dabei doch weder abwesend noch gelangweilt. Du hörst dem Gespräch weiter zu, als sei es für Dich für irgend etwas notwendig, das ich nicht kenne. Schau mal an: Du kannst viele meiner Gedanken nicht verstehen, aber auch ich kann nicht alles verstehen, was Du denkst. Wir sind quitt. Wenn Du so handelst, dann deshalb, weil es Dich befriedigt, und es wäre widersinnig, wenn wir uns wegen einer bloßen Konvention – »es gehört sich, zu Bett zu gehn, es ist sehr spät« – gegen Deinen *tieferen* Wunsch durchsetzten. Wir bleiben patt.

Ich glaube, wir haben gelernt, Dich nicht als ein *Mädchen*, das versteinert ist, zu sehen, sondern als ein einzigartiges Wesen, das *reich* ist an uns *Unbekanntem* und dessen Entscheidungen geachtet werden sollen. Indem wir nur an Deine Behinderung denken, scheint es uns *unlogisch*, daß Du es so lange aushältst und in Gesellschaft von Erwachsenen so glücklich bist. Aber wenn wir, statt daran zu denken, *was Dir fehlt*, uns bemühen anzuerkennen, daß Du auf Grund dessen handelst, *was Du hast* – was uns viel unbekannter ist als Deine Mängel –, dann

müssen wir zugestehen, daß Deine Entscheidungen, auch wenn sie uns etwas erstaunen, für Dich doch vollkommen *logisch* sind. Und diese Logik ist es, die eigentlich zählt und die sich durchsetzen soll.
Viele Dinge, die wir auf dem üblichen, schulischen Wege Dich zu lehren versucht haben, hast Du nicht gelernt; aber Du hast Dir Dein Gepäck zusammengestellt, ein unregelmäßiges, aber ein nützliches; und wir haben keine Ahnung, wie das geschah. Vielleicht mit Deinem starken Willen, alles aufzunehmen, was Dich umgibt? Vielleicht weil Du weißt, wenn Du den Erwachsenen unermüdlich Aufmerksamkeit schenkst – daß Du unter so vielen dunklen Wolken, die Du vorüberziehen siehst, dann und wann das Licht eines kleinen Sterns entdeckst, das Dir für immer zur Orientierung helfen kann?
Es gibt einen Satz, der sehr in Mode ist und den Du, Olga, selbst auch schon ausgesprochen hast: »Das ist Dein Problem.«
Zu begreifen, warum es Dir so gefällt, mit Erwachsenen zusammenzusein und ihnen zuzuhören, und auch manch anderes Befremdliches zu begreifen, das könnte wirklich mein Problem sein, wenn ich ein Forscher wäre.
Aber da ich nur Dein Vater bin, zählt das nicht.
Was in Wahrheit zählt, liebe Olga, ist, daß Du auf *Deine Lösungen* kommst, und was uns zu tun zusteht ist, Dir die Freiheit einzuräumen, sie zu finden.

Deine Gefühle

5

Liebe Olga,

wenn ich Dir von Deiner psychischen Veranlagung spräche, würdest Du überhaupt nichts verstehen und mich mit jenem Dir eigenen ironischen Blick anschauen, als sagtest Du: »Was erfindest du da?...« Wer weiß, wie Du mit lauter Stimme das Wort ›psychisch‹ wiederholen würdest! Du hast mit der Zeit ziemlich annehmbar zu sprechen gelernt, aber immer noch stolperst Du über einige Wörter. ›Klinik‹, zum Beispiel. Dir ist bewußt, daß Du das falsch aussprichst, aber vor allem weißt Du, daß Du es auf eine Art lustig aussprichst, die uns alle aufheitert: Es tönt ungefähr wie *klikla*, und oft lacht die ganze Familie darüber – samt Dir –, wobei wir übertreiben und das Wort ausdehnen: *Kliklikla*...

Ich habe im letzten Brief erwähnt, daß ich mit der üblichen Redeweise von ›psychischen Defekten‹ nicht einverstanden bin. Die wir abnormal nennen, müssen nicht unbedingt einen psychischen Defekt haben. Ich glaube, bei Dir ist das nicht der Fall; und da ich Dich nicht für einen Einzelfall halte und annehme, daß alle oder viele oder doch einige Deiner mongoloiden Gefährten die gleichen Merkmale aufweisen, scheint mir die systematische Verwendung der Bezeichnung ›psychischer Defekt‹ eine Ungeheuerlichkeit.

Psychisch stammt von *Psyche*, die das Lexikon wie folgt definiert: »Vorwiegend von den modernen Psychologen und Psychoanalytikern statt der Wörter *Seele* und *Geist* verwendeter Begriff, der die Gesamtheit der bewußten und unbewußten Prozesse und die absichtliche Verhaltensweise des Menschen umfaßt.«

Niemand wird leugnen können, daß Du eine *Seele-* oder *Geist*-Fülle besitzest oder eine *Psyche*, so gesund oder noch gesünder als die meine, und daß Deine ›absichtliche Verhaltensweise‹ einwandfrei arbeitet. Vielleicht haben sie allzuviel in den Begriff ›psychisch‹ hineinpacken wollen. Du hast nie einen *Psychologen* oder einen *Psychiater* benötigt, um irgendeine Störung in Deiner ›Psyche‹ zu beheben. Deine Lebenswelt mag etwas beschränkter sein als die anderer Menschen, aber psychisch bist Du vollkommen ausgewogen. Du bist mit Dir selbst einig, Du hast gute Beziehungen zu den Menschen, bist von einer außerordentlichen Güte und Großzügigkeit und fühlst Dich – und Du betonst das – glücklich. Ich kann Dich also nicht zu den psychisch Defekten rechnen.

Hingegen bin ich der Ansicht, daß Du zur Gruppe mit mangelhafter Intelligenz gehörst. Das ist etwas ganz anderes. Es gibt Leute, die nicht mangelhaft intelligent sind, die im Gegenteil einen hohen Intelligenzquotienten besitzen, die aber psychisch mangelhaft sind. Es gibt Leute, die geistig sehr begabt sind, aber psychisch geschädigt oder krankhaft, und deren Familienangehörige, Freunde, Arbeitskollegen und schließlich die Gesellschaft leiden darunter. Solche freilich müßten Hilfe bei ›Psychotherapeuten‹ anfordern (nicht bei spezialisierten Professoren oder Pädagogen).

Ich will versuchen, es einfacher zu sagen: Es gibt Leute, deren intellektuelle Fähigkeit – ich wage nicht zu sagen ›Intelligenz‹, die anders gedeutet werden kann – sich einwandfrei entwickelt hat, während ihre psychische Veranlagung fehlgebildet zurückblieb.

Es gibt Menschen wie Dich, die an einem intellektuellen Mangel leiden – und deshalb eine Sonder-*Schulung* benötigen –, die aber ihre Psyche einwandfrei entwickelt haben. Ich stelle fest, daß ich dabei ans Gefühlsleben denke; aber wie nicht daran denken, wenn ich mir Dich vorstelle, Olga?

Ich pflege von Deiner großen Gutartigkeit zu sprechen, weil Du in dieser Beziehung nicht ganz ahnungslos bist. Du weißt, daß es das Schlechte und die Schlechtigkeit gibt; und Du meldest Dich mit Empörung, wenn Dir jemand davon erzählt oder wenn Du es im Fernsehen siehst. Deine Güte ist nicht ›Beschränktheit‹, sondern eine moralische Entscheidung, die Du angenommen und mit den Jahren verstärkt hast, gleichzeitig mit der Reifung Deines Gewissens.

Nie haben wir an Dir eine ›schlechte Tat‹ entdeckt, nicht die geringste.

Du hast klare Vorstellungen, und Du sprichst sie aus, wenn es Dir angebracht erscheint: »Es sollte Friede herrschen. Unter den Menschen in der ganzen Welt.« »Die Menschen müssen sich lieben.« »Die Menschen, die nicht gut sind, sind keine Menschen.« Wenn ich Dich das sagen höre – mit einer solchen Überzeugung, mit einer solchen Ernsthaftigkeit –, beeindruckst Du mich sehr, Olga, weil es nicht Sätze sind, die Du gelernt hast und einfach so nachplapperst, sondern weil Du diese Gedanken *lebst* und für sie einstehst.

Weil Du die Prinzipien planmäßig in Taten umsetzt. Deine Gutartigkeit könnte man als ein Sichaufopfern – ein schwer verdauliches Wort – verstehen. Du gebrauchst das Wort nie und vermeidest dadurch die Gefahr der Dramatisierung. Deshalb verwende ich das Wort auch nur, um mich genauer zu erklären: Du bringst keine Opfer für andere, sondern Du denkst einfach vor allem *an das Wohlbefinden der andern*. Darin besteht Deine Gutartigkeit.

»Gehen wir den Großvater besuchen, er wird sich freuen.« Oft drückst Du mit Worten aus, was Du fühlst, aber oft ist Deine Gutartigkeit auch zurückhaltend still und drückt sich in Handlungen, in Taten aus, über die kein Zweifel bestehen kann. Wenn ich ins Zimmer trete, wo Du mit Deiner Mutter fernsiehst, und Du spürst, daß ich eine Weile bleiben werde, reagierst Du nicht mit einer mechanischen, gleichgültigen und angelernten Höflichkeitsgeste; Du stehst auf (was Dir nicht leichtfällt mit Deinem Bein, ›das eine dumme Geschichte ist‹, wie Du sagst) und holst einen Stuhl für mich und verschiebst den Deinen, um mir einen guten Platz zu geben.

Wenn Du einen Film anschaust, der Dir gefällt – wo eine Familie vorkommt –, und dann den Kanal wechselst, weil sie Reklame zeigen oder um zu sehen, was auf andern Kanälen läuft, und dabei bemerkst, daß dort Fußball oder Tennis gezeigt wird, machst Du mich gleich darauf aufmerksam, weil Du weißt, daß ich das gerne sehe, und daß die *andern vergnügt* sind, ist für Dich wichtiger als ›Dein‹ Film.

Bei Dir ist diese Nächstenliebe vollkommen natürlich; wir jedenfalls haben Dich, glaube ich, nicht so erzogen. Weil Du nicht sehr nützlich sein kannst – zumindest in manchen Belangen –, kompensierst Du das vielleicht, indem Du soviel wie möglich dem hilfst, von dem Du abhängst? Das ist möglich, aber das würde heißen, daß Du überzeugt bist, helfen, an den andern denken, ihn wahrnehmen sei wichtig.

Nie entgeht Dir eine Möglichkeit, kleine alltägliche Gefälligkeiten zu erweisen. Und wir belohnen Dich nicht, das möchte ich festhalten; wir behandeln Dich nie wie ein kleines Mädchen; ich würde es nicht ertragen, Dich wie jenes lustige Hündchen im Zirkus zu sehen, das nach ›gelungener Arbeit‹ einen Zuckerwürfel bekommt. Wir beschränken uns darauf zu danken, wie wir es mit Deinen Geschwistern tun. Wir sind zu Hause, wie man so sagt, weder übertrieben höflich noch sehr mimosenhaft.

Wenn Du freundlich, hilfsbereit bist, geschieht das weder, um Verdienste zu erwerben, noch um Dir unsere Anhänglichkeit zu erkaufen. Wir schenken Dir die nötige Aufmerksamkeit, nicht mehr und nicht weniger.

Deine ›Gutartigkeit‹ ist ganz einfach natürlich, aber Du verstehst es, sie nach Deinen Möglichkeiten einzusetzen, um Gutes zu tun.

Wie könnten wir anderen einander anschreien oder verletzen, wenn wir in Deiner Nähe sind? Ich denke, Olga, daß wir einen guten Teil des Friedens und der gegenseitigen Achtung bei uns zu Hause Dir verdanken.

Mit mangelhafter Intelligenz bist Du von großer *psychischer Leistungsfähigkeit*, und Deine Gefühle beeinflussen die unsrigen.

Wenn ich Dir jetzt danke, wirst Du das bestimmt nicht verstehen.

Es macht Dir Spaß, etwas zu unternehmen

6

Liebe Olga,

als wir begannen, mit Dir auf die Straße zu gehen, hatten wir unsre Bedenken; weißt Du das? (O nein, Du weißt es nicht, glücklicherweise!) Denn Du fällst auf. Das läßt sich nicht vermeiden; um so weniger, als Du wegen des ›verflixten Beins‹ – ja, Olga, da hast Du recht – oder aus welchen Gründen auch immer so kurz geraten bist und überdies hinkst. Aber jetzt gerade ist uns das gleichgültig.

Als Du noch ein junges Mädchen warst und Dein Körper nicht viel anders als der Körper andrer Mädchen Deines Alters, da genierten wir uns oft, wenn wir mit Dir spazierengingen. Weil die Leute schauen, und wenn sie ein Gesicht sehen, einen Ausdruck, irgend etwas, das nicht gewöhnlich ist, schauen sie hin. Es ist der natürliche Instinkt. Wir nahmen es wahr, wir versuchten weiterzugehen, als ob nichts geschehen sei, und strengten uns an, die unangenehme Empfindung zu verdrängen.

Es ist ein Genieren, von dem man nur durch Wiederholung geheilt wird.

Darum kann ich mir das Drama all jener Eltern vorstellen, die es nicht gewagt haben, mit solchen Kindern außer Haus zu gehen – so viele Jahre lang hat es so viele Geschädigte jeglicher Art gegeben, die ›unsichtbar‹ waren –, und Eltern, die den Gedanken, sich mit diesen Kindern der öffentlichen Neugierde auszusetzen, nicht

ertragen konnten. Mit dem Kind versteckten sie auch ihre Unsicherheit, ihre Angst. Wir müssen dafür Verständnis aufbringen, denn die Leute waren damals grausamer und ungerechter, weil weniger unterrichtet.
Es ist ähnlich wie mit dem öffentlichen Reden und mit so vielen anderen Dingen. Am ersten Tag bekommst Du Herzklopfen, du spürst deinen Handschweiß, und die Beine zittern, aber wenn du dir vorgenommen hast, dich nicht besiegen zu lassen, den kritischen Punkt zu überwinden, und zwar mehrmals, dann wirst du jedesmal weniger leiden, und schließlich wirst du ganz ruhig reden können.
Wir nahmen uns tatsächlich vor, den kritischen Punkt zu überwinden; denn wir wußten: überwanden wir ihn nicht, würden wir gezeichnet sein; aber der größte Nachteil wäre auf Dich gefallen: Dich verstecken hätte geheißen, Dich noch ›abnormaler‹ machen.
Wir haben uns ganz langsam daran gewöhnt; denn wahrscheinlich fuhren die Leute fort zu schauen, aber es störte uns nicht mehr. Ab und zu hat mich ein allzu unverschämter Fall geärgert, ich gebe es zu – diese Frauen, die den Kopf drehen und anhalten, wenn man an ihnen vorbeigeht, und man spürt, daß sie immer noch wie angenagelt und neugierig dastehn, während wir uns langsam entfernen –, aber mit der gleichen Aufrichtigkeit muß ich sagen: nicht, daß wir beobachtet werden, ärgert mich, sondern daß es Leute gibt, die so gefühllos und so unverschämt sind. Das heißt, so schlecht erzogen. Wenn ich gelernt habe, mich ansehen zu lassen, dann könnten sie schließlich lernen zu sehen; an Gelegenheit dazu fehlt es nicht.
Wir sind in die Parks mit andern Mädchen spielen gegangen, nicht wahr, Olga? Ich erinnere mich, wie Du zum ersten Mal wagtest, die Rutschbahn hinunterzugleiten, wie die andern und mit den andern. Und wir hoben Dich

auf die Schaukel und gaben Dir einen Schubs – sanft, ja – und Kopf hoch …
Deine Mutter hat mehr als ich Gelegenheit gehabt, ihren Mut zu beweisen. Sie nahm Dich mit auf den kleinen Platz, der vor dem Haus liegt, wo sie Bekanntschaft mit andern jungen Müttern mit ihren Kindern machte. Sie hat Dich in den Autobus mitgenommen und in die Untergrundbahn, zum Friseur, zum Zahnarzt. Wir sind auch an den Strand gefahren – selten, weil das mir leider nicht soviel Spaß macht –, und wir haben Dich angespritzt, und wir sind zusammen im Sand spaziert, weil man uns sagte, daß es für Deine Füße gut sei.
Habe ich schon von den Restaurants gesprochen? Wir gehen an Samstagen und Sonntagen hin; denn »an Feiertagen darf meine Mutter oder die Mamma oder die Mammi oder meine Mutti (oder was Dir sonst noch einfällt) nicht kochen, sie muß auch einen Feiertag haben, nicht wahr?« Also. Dort ißt Du viel, oft denke ich, zu viel – ich weiß nicht, wie all das in Deinem Körper Platz hat –, aber Du glaubst, das sei richtig, alles habe Platz. Es ist unnütz, Dir zu sagen, es sei genug; Du wirst nicht bestreiten, daß Du ein wenig stur bist, auch wenn es sich um eine moralische Sturheit handelt; oft erkennst Du es selber an. »Ja, wie ein Maultier.« Wenn Du nicht viel kauen mußt, geht alles gut, alles schmeckt Dir. Als ein Kellner in einem Restaurant zum ersten Mal Dich nach Deinen Wünschen fragte und Dich mit Sie ansprach, fiel Dir das auf. Und Du hast ein überaus vergnügtes Gesicht gemacht, an jenem Tag, als Don Carlo, der Pizzeria-Inhaber, Dich *signorinella* nannte. Als er sich vom Tisch entfernte, verdecktest Du mit der Hand halb den Mund, damit er Dich nicht höre, und Dein Lachen unterdrückend, hast Du ein Kätzchengesicht gemacht wie noch selten und erstaunt nochmals wiederholt: *signorinella … !*

Du hast Ausflüge und Reisen gemacht. Von allen ist Dir der gemeinsame Aufenthalt in London – mit uns und Deinen Geschwistern – immer noch am stärksten gegenwärtig. Nicht zu glauben, wie lange Fußmärsche wir machten. Oft mußtest Du Dich hinsetzen – immer noch sehe ich Dich auf der vorspringenden Stufe eines Ladens an der Carnaby Street –, weil Du müde warst, aber Du wärest lieber gestorben, als das zuzugeben; stur, ich habe es Dir schon gesagt. Wir haben viele Dinge gesehen, ja. Jetzt, wenn im Fernseher der *Big Ben* erscheint, schnellst Du auf: »Das ist London!« Und oft genügt auch schon nur etwas aus einer Straße oder aus einer Gegend, damit Du London wiedererkennst. Du hast ein gutes visuelles Gedächtnis.
Wie vergnügt bist Du, wenn Dich Dein Bruder Josep oder Deine Schwester Gemma zum Vesperbrot oder ins Kino mitnehmen. Es stimmt, was Du sagst: »Es macht mir Spaß, etwas zu unternehmen.« Ich verstehe Dich sehr gut, weil wir einander ähnlich sind. Ich will Dir etwas beichten, Olga. Wenn wir jetzt zusammen ›etwas unternehmen‹, wenn wir auf der Straße spazierengehen oder zu jemandem nach Hause eingeladen sind oder in einem Restaurant essen, denke ich fast nie mehr, daß wir eine besondere Familie sind. Auch nicht, wenn ich Dich anschaue. Sicherlich habe ich gelernt, Dich so anzuschauen, wie Du wünschest, angeschaut zu werden.

Jedem sein eigenes Leben

7

Liebe Olga,

wir haben uns daran gewöhnt, uns Deinetwegen nicht zu schämen, was gewiß auch eine Art war, uns unsertwegen nicht zu schämen; aber überdies hast Du mich gelehrt, über Dich und mich hinauszugehen und mich nicht für andere zu schämen oder es wenigstens zu versuchen.
Das heißt, Du hast mich an die Leute im allgemeinen denken lassen und daran, daß *jeder einzelne* so ist, wie er ist.
Ist es natürlich, daß wir alle ein Modell haben, von dem wir wünschen, daß ihm die Menschen entsprächen? Ich denke ja. Und wir bilden unser Modell auf Grund dessen, was wir sind oder was wir zu sein glauben. Die andern sollten unsern Kriterien entsprechen oder sich unsern Eigenheiten anpassen – im Geschmack, in den Ideen, im Gesellschaftlichen –, damit wir mit ihnen bequemere Beziehungen unterhalten können.
Vermutlich verfalle auch ich diesem Irrtum, hätte aber nie eingesehen, daß es sich um einen Irrtum handelt – ich habe ja gesagt, es sei ›natürlich‹ –, wenn mich das Leben nicht mit Dir, Olga, verbunden hätte. Denn Du entsprichst keinem Modell, das man als nachahmenswert oder vorbildlich hinstellen kann, und bist doch gleichzeitig *Teil meiner Wirklichkeit*. Und nicht ein zurückgewiesener Teil oder ein nur schamhaft zugestandener, sondern ein *geliebter* und in mein Gewissen und in meine

Sensibilität integrierter Teil. Dies hilft mir auch ein wenig, die instinktive Geringschätzung jenen gegenüber zu vermindern, die nicht gerade die besten Eigenheiten aufweisen.
Wie kann ich von jedermann fordern, was ich nicht von mir selbst fordern kann? Sollten die Leute etwa, um gut zu sein, wie ich sein?
In früheren Jahren schrieb ich ziemlich viele Kinderlieder, und Du lerntest von Schallplatten einige davon.
Auf einer der Schallplatten waren die Lieder des *Dicken*, des *Dünnen*, der *Großen* und der *Kleinen*... Erinnerst Du Dich? Stimmt's?

> Klein, klein, klein, klein
> ist das Schicksal mein.
> Schnell auf einen Stuhl gestiegen,
> um die andern zu besiegen.
>
> Es ist schön und erhaben
> weniger Höhe zu haben.
> Falls ich falle, falle ich munter
> und nicht so tief hinunter.

Die Kleine war es leid, daß man sie Zwerglein nannte. Und man lachte auch über die Große – »Achtung, zieh den Kopf ein, stoße nicht gegen ein Flugzeug«; aber wer wollte bestreiten, daß auch sie ihre Vorteile hatte? Und jener Dünnling, der so dünn war: »Wenn es regnet und ich nicht naß werden will, genügt es, daß ich mich unter einer Wäscheleine ausstrecke.« Und seine Freunde mußten das anerkennen:

> Wenn wir zu viele sind in der Schulklasse,
> wenn wir zusammen essen am selben Tisch,
> sind wir dir sehr dankbar, guter Freund,

daß du uns nie störst
und dir Mühe gibst, dünn zu sein.

Und der Dicke: Was für ein komisches ›Modell‹, sagten wir! Aber...

Wenn wir Fußball spielen im Hof,
gewinnt die Mannschaft des dicken Jungen;
er selbst begnügt sich damit, das Tor
zuzudecken,
und kein Goal wird geschossen.
Der Dicke hat etwas, was ihn ehrt:
Was auch immer geschieht, er verliert nie
seinen Humor.

Ich weiß nicht, ob Du das alles richtig verstanden hast, Olga, aber jetzt freut es mich, daran zu denken, wie vergnügt Du diese Lieder gesungen hast und wie wir alle zusammen doch etwas mehr taten, als nur gemeinsam singen, wenn wir anstimmten:

Wir sind so, wir sind so,
groß und klein, dick und dünn,
wir sind so, wir sind so,
jeder mit seinem Leben,
und zusammen machen wir uns auf den Weg.

»Jeder mit seinem Leben...« Ja, jeder mit seinem Leben, das *persönlich und unübertragbar* ist – wie man es auf den ehemaligen Autobusfahrkarten lesen konnte.
Indem ich Dich betrachtete, Dein Leben verfolgte, Olga, habe ich entdeckt, daß ich lernen mußte zu unterscheiden; und nicht nur zu unterscheiden bei denen, die um mich herum sind und die mit Liebe bejaht werden können, sondern bei jedem Menschen.
Falls einer nicht von Natur aus ein Heiliger ist, gelingt

ihm dies allerdings nur durch ein geistiges Vorgehen, eine überlegte und, fast möchte ich sagen, *kühle* Übung in der Analyse menschlicher Wirklichkeit. Wie ein Botaniker bei der Pflanzenwelt unterscheidet und die unendliche Vielfalt bejaht – es fällt ihm nicht ein, eine Pflanze als Modell für alle andern festzulegen –, so müssen wir Erwachsenen unsre Zeitgenossen wahrnehmen, ohne ein Vorurteil, das sie disqualifiziert wegen einer Eigenheit, die wir nicht haben oder nicht zu haben glauben.

Ist es vielleicht ein *Mangel* des Fenchels, daß er keine Rose ist? Höchstens aus einer egozentrischen Weltsicht der Rosensträucher wäre das so; falls nicht eines Tages an einem Rosenstrauch ein Fencheltrieb wächst und der Rosenstrauch ihn dann als *seinen* spürt.

Wenn es auch Tausende von Mädchen gibt wie Du, Olga: die Statistiken besagen, daß Ihr eine Minderheit seid. Das stimmt. Aber die wirkliche Wahrheit ist, daß wir alle Minderheiten sind, und ich meine jetzt nicht jene ›auserwählte Minderheit‹, die Elite, die sich in Überlegenheit wiegt. Jeder von uns ist eine *Klein*-Existenz im Gesamtbild der Art. Nur wirkt unsere Empfindlichkeit wie ein nach innen gerichtetes Vergrößerungsglas, und so sehen wir uns viel *größer*. Es fällt leicht, Dich als Angehörige einer Minderheit zu erkennen, weil Deine merkwürdige Behinderung leicht ersichtlich ist. Aber Deine Existenz hat mir erlaubt, einen Schritt weiterzugehen, ein klein wenig darüber hinauszudenken und zu verstehen, daß wir, verglichen mit den andern, alle *merkwürdig* sind. Und daß wir im Vergleich zu ihnen immer teilweise mangelhaft sind, so wie sie im Vergleich zu uns.

Der Unterschied besteht darin, daß Dein Mangel, Olga, wissenschaftlich diagnostizierbar ist, und niemand kann ihn leugnen, während die Mängel von Leuten wie ich bestritten werden und sogar so etwas wie einen Marktwert haben, den jeder von uns auf seine Art festlegt. Wir legen einen Gefühlsquotienten fest, einen Sympathiequotienten, einen Arbeitsquotienten, einen Kulturinteressequotienten, einen Ästhetikquotienten, einen Quotienten des Sozialverhaltens, der uns dann dazu verleitet, jene geringzuschätzen, die entsprechende Werte nicht erreichen (und oft auch dazu, jene zu kritisieren, die sie übertreffen).

Du hast mich geimpft, Olga, gegen die Geringschätzung der andern ihrer Mängel wegen: Und wenn ich so wenig gescheit bin, daß es mir doch noch widerfährt, merke ich es wenigstens. Und du hast mir auch geholfen, mit meinen Mängeln umzugehn, ohne mich zu plagen und mit einer Natürlichkeit, die ich – ich weiß nicht, wie Moralisten darüber denken – für heilsam halte.

Was ist Fortschritt?

8

Liebe Olga,

dann und wann hat mich der Zweifel geplagt, ob ich nicht mehr hätte für Dich tun sollen?
Ich spreche nicht von meiner Gefühlshaltung Dir gegenüber; in dieser Hinsicht bin ich beruhigt. Mein Zweifel ist, ob ich alle praktisch-erzieherischen und schulischen Möglichkeiten ausgeschöpft habe.
Bin ich vielleicht nachlässig gewesen?
War es überhaupt ausgemacht, daß Du die Kenntnisse und Techniken würdest erwerben können, die Du jetzt beherrschst? Ich bin nicht sicher, mir hierüber genügend Rechenschaft gegeben zu haben, und ich gestehe, daß ich nur selten daran denke; es ist ein flüchtiger Schatten, der durch meinen Kopf schießt, etwa wenn jemand mir erzählt, sein abnormales Kind habe Maschinenschreiben gelernt oder, geschickter als Du, eine Handwerksarbeit verrichtet.
Vielleicht hättest auch Du mehr Fortschritte erzielen können; aber meine Bedenken versanden bald. Vielleicht weil ich mich nicht ängstige; vielleicht weil es stimmt, was ich denke: daß in Deinem persönlichen Fall dieses Können nur einen bedingten Stellenwert hätte. Ich glaube nicht, daß in der Praxis und in einer möglichen Zukunft diese geringe Verbesserung Deiner Fähigkeiten Dir wirklich nützlich wäre und Deine Lage veränderte. Etwas anderes wäre es, wenn das Bewußtsein Deiner Be-

schränkung in Dir ein Gefühl der Frustration oder des Kummers auslöste; dann wäre es unverzeihlich, Dir nicht die Möglichkeit einer Steigerung geboten zu haben.
Auch waren die Methoden der Frühreife-Stimulierung hier noch unbekannt, so daß wir sie auf Deinen Fall nicht anwenden konnten. Als Du klein warst, tappten wir im dunkeln, und erst seit einigen Jahren werden neue erzieherische Möglichkeiten erforscht. Die Eltern, die sich heute mit dem Problem auseinandersetzen, werden vernünftiger handeln als wir, wenn sie sich den neuen Erfahrungen aussetzen.
Aber ich denke an etwas anderes, liebe Olga. Ich erinnere mich, daß die Ärzte uns sagten, wenn Du einmal die Pubertät erreicht habest – ungefähr dann –, werdest Du keine Fortschritte mehr machen. In einer für mich und Dich sehr wichtigen Hinsicht hat sich diese Vorhersage als falsch erwiesen.
Denn die Behauptung, »was Hänschen nicht lernt, lernt Hans nimmermehr«, kann stimmen, aber nur auf einem rein schulischen, rein intellektuellen Gebiet. Es ist eine Tatsache, daß Du *als Person* nicht zurückgeblieben bist. Als Person bist Du weitergewachsen und reifer geworden.
Gerade diesen Fortschritt haben wir am meisten geschätzt, als Du aus dem Jugendalter herauswarst. Ich meine, daß Deine Entwicklung – abgesehen vom I. Q. – sehr ähnlich verläuft wie die einer normalen Person, wenn sie erwachsen wird. Du hast in bezug auf das, was man die vitale Wirklichkeit nennen kann, an Kenntnissen gewonnen, an Fähigkeit, Ereignisse und Menschen zu beobachten und aus Beobachtungen einige vollkommen vernünftige Schlüsse zu ziehen; Deine geistigen Gedankenverbindungen sind reicher, Deine Sprache ist genauer und nuancenreicher als vor zehn Jahren; Deine

Selbstbeherrschung ist sicherer, und Du triffst freiere und eigenere Entscheidungen.
Einmal schrieb ich einen Beitrag über Euch mit dem Titel »Die Kinder, die immer Kinder sein werden«. Die Absicht war gut, und vielleicht war der Beitrag nützlich, aber die Jahre sind verflossen, und Du hast mir bewiesen, daß jener Titel falsch war. Du warst ein Mädchen, aber Du bist es heute nicht mehr. Heute habe ich mit Dir eine Erwachsenenbeziehung, die ich früher nicht habe unterhalten können. Wenn ich Dich im Wagen mitnehme oder bei irgendeiner andern Gelegenheit, wo Du und ich allein sind, fällt es mir nie ein zu meinen, ich sei mit einem kleinen ›Mädchen‹ zusammen, sondern ich handle, ohne es zu merken, so, als wäre irgendeine erwachsene Person bei mir.
Ich verrate Dir noch mehr, Olga: fast nie, wenn wir zusammen sind, zu Hause oder wo auch immer, ist mir bewußt, daß Du das Down-Syndrom hast; bestimmt darum, weil wir uns gewöhnt haben, Beziehungen auf Grund dessen zu knüpfen, was uns verbindet, was wir teilen können – in Natürlichkeit und Fülle.
Wenn ich diesen entscheidenden Fortschritt betrachte, versuche ich dem möglichen Mangel auf der technisch-handwerklichen Seite keine allzu große Bedeutung beizumessen, um es einmal so zu sagen.
In diesen Dingen bist Du ziemlich faul, Du wirst das nicht bestreiten. Manchmal haben wir Dich gebeten, zu Hause zu zeigen, wie Du jenes Stück webst, das Du in Boscana in Arbeit hast, aber immer hast Du Dich geweigert. Wahrscheinlich, weil es Dir nicht leichtfällt: dort machst Du es aus Disziplin, aber zu Hause fühlst Du Dich befreit von dieser Art Verpflichtung. Ich habe Dich faul genannt, und ich bin ungerecht, denn das bist Du ganz und gar nicht, wenn es darum geht, zu helfen, den Tisch zu

decken, Zeitungen zu ordnen, zu kehren, Teller und Besteck zu trocknen... Vielleicht ist die Wahrheit die, daß Du jederzeit bereit bist zu tun, *was Dir* in einem bestimmten Augenblick und an einem bestimmten Ort *entspricht*, und faul bist Du erst dann, wenn Du Dich nicht verpflichtet fühlst, etwas zu tun.

Ich glaube, Dich zu verstehen, weil ich wie Du bin: Wir gehören nicht zu jener Sorte von Menschen, die immer etwas tun, die immer etwas leisten müssen, die sich durch die ununterbrochene Aktivität rechtfertigen. Die Zeit des Faulenzens scheint mir eine sehr menschliche Zeit, und deshalb achte ich sie bei Dir. Nie habe ich Dich als eine vervollkommnungsfähige Maschine angesehen, von der man verlangt, daß sie wirtschaftlich ist und funktioniert, vielmehr als ein lebendiges Wesen mit inneren Bedürfnissen, die andere nicht immer verstehen (und das geschieht uns allen), die wir aber anzunehmen haben.

Ich habe auch nicht viel handwerkliches Geschick und noch weniger eine Berufung, es zu verwirklichen. Es würde mich nicht wundern, wenn zu Deiner besonderen Schwierigkeit eine vererbte Ungeschicklichkeit hinzukäme, und aus all diesen Gründen spreche ich Dich jedesmal frei, wenn Du Dich gegen solche Anstrengungen wehrst.

Hättest Du also bessere Ergebnisse auf bestimmten Gebieten erzielen können? Ohne Zweifel; ich auch; und Deine Geschwister; und jedermann.

Wir alle bleiben unter dem Niveau unsrer Möglichkeiten. Oft liegt der Grund darin, daß wir, zum Beispiel, nicht den Geschichtslehrer gefunden haben, der es verstanden hätte, unser Interesse für dieses Fachgebiet zu wecken; oder den fähigen Geschäftsführer, der uns angespornt hätte, neue Verantwortung zu übernehmen;

oder die nicht genügend günstigen wirtschaftlichen, familiären oder sozialen Verhältnisse.
Oft liegt der Grund für mangelnden Fortschritt in uns selbst. Aber der Fortschritt, Olga – wir wissen noch nicht ganz genau, was das ist.
Was ich ganz bestimmt weiß, ist, daß der Fortschritt nicht eine einzige Bahn läuft mit verbindlicher Richtung für alle – selbst wenn die Gesellschaft das glaubt.
Deine besondere Veranlagung gibt Dir die Freiheit, Dich nicht der Diktatur jenes Fortschritts unterziehen zu müssen, der mit Leistungsfähigkeit und Konkurrenzdenken mißt.
Du hast Fortschritte gemacht. Auf Deine Art. Auf die Art, die Victor Hugo in einem Vers ausdrückt:

> *Vorwärts. Der Fortschritt ist eine*
> *Notwendigkeit in Blau.*

In Deinem Leben, liebe Olga, ist ein zusehends reineres und tieferes Blau, das auch die sachkundigsten Hände nicht schaffen könnten.

Was wir gemeinsam haben

9

Liebe Olga,

ich habe bereits erwähnt, daß Du und ich, jeder auf seine Art, für Handarbeiten wenig begabt sind. Und daß ich mich mit Dir solidarisiere, wenn Du Dich dabei faul zeigst.

Ich glaube, wir tragen manche Züge gemeinsam, und dies ist ein Beweis mehr dafür, daß es so etwas wie den archetypischen Abnormalen nicht gibt, nicht einmal den Mongoloiden als Modell.

Wie irgendein anderes Kind baut auch der Mongoloide seine Persönlichkeit aus den unfaßbaren, aber sicheren Bausteinen der Erbanlage auf und aus den nicht weniger subtilen, aber realen Bausteinen, die die Umwelt anbietet. Der Mongoloide ist kein *fertiges* Produkt, sondern ein auf Grund der Einflüsse, denen er ausgesetzt ist, *veränderbares* und *entwicklungsfähiges* Wesen.

Du und jeder Deiner Gefährten, Olga, ihr seid verschieden dank der Summe zweier Klassen von Merkmalen, den angeborenen und den erworbenen.

Was ist in Deinem Gepäck, was man als mit dem meinen verwandt betrachten könnte – abgesehen von der Abneigung gegen das Basteln und gegen jede Beschäftigung mit handwerklichen Arbeiten?

Zum Ausgleich hast Du eine bemerkenswerte Fähigkeit, aufmerksam zu sein, vielleicht begünstigt durch ein sehr feines Gehör. Wir beide sind Brillenträger, aber hören tun wir beide viel mehr, als man gemeinhin vermuten könnte – bei mir wegen meines Alters und bei Dir wegen Deiner Veranlagung. Oft denke ich, Dir gehe es ähnlich wie mir: Es sei Dir möglich, zwei verschiedene Gespräche gleichzeitig zu verfolgen. Jedenfalls steht Deine Hörfähigkeit in einem positiven Mißverhältnis zu anderen Fähigkeiten. Zu Hause zählt Dein Gehör viel, und oft machst Du uns auf Geräusche aufmerksam – auf den Aufzug, den Topf, der in der Küche zu kochen begonnen hat –, die von den andern nicht bemerkt werden.

Wir haben gelernt, in Deiner Gegenwart nichts leise zu besprechen. Dir entgeht nichts. Oft vermute ich, Du habest etwas teilweise gehört und teilweise erraten. Das passiert auch mir. Wir besitzen eine gewisse Fähigkeit zu deuten, Du und ich, die nichts mit Intelligenz zu tun hat – wenigstens nicht mit der reinen Intelligenz, falls es so etwas gibt. Sie ist nicht mehr, so scheint mir, als eine Art sonderbarer Behendigkeit, eine Blitzwahrnehmung, die es erlaubt, fragmentarische Zeichen zu verbinden und zusammenzuhalten. Daß bei mir dank meinem Temperament und meiner Arbeit diese Geschicklichkeit im Laufe der Jahre zunahm, scheint verständlich, aber daß Du so begabt bist – relativ – für diese Art von Aufmerksamkeit, das wundert mich.

Ist auch Dein Ärger gegenüber jedem Mangel an Solidarität in einer Gruppe vererbt? Ich muß das erklären. Ich habe eine fixe Idee, die krankhaft sein dürfte: In Gesellschaft muß jeder die ihm zustehende Rolle übernehmen. Ich ertrage es nur mit Mühe, wenn in einer Versammlung, wo man beschlossen hat, Musik zu hören, einer der Anwesenden mit seinem Nachbarn ein Gespräch beginnt; oder wenn während eines Gesprächs plötzlich jemand vorschlägt, eine Schallplatte aufzulegen... In einem Konzert scheint es mir tadelnswert, wenn ein

Orchestermusiker, derweil er einige Takte Verschnaufpause genießt, an die Decke schaut oder irgendeine gleichgültige Haltung einnimmt – als ob er in diesen Augenblicken *nicht einen Teil des Orchesters bildete* –, statt mit seinen spielenden Kollegen Aufmerksamkeit und Solidarität zu bekunden.

Ich habe dieses Beispiel erwähnt, Olga, weil ich mich noch gut an einige Weihnachts- oder Schuljahr-Abschlußfeste, die ihr in der Boscana gefeiert habt, erinnere und daran, wie Du reagiertest, wenn eines der Mädchen das Interesse am Lied, das gerade gesungen wurde, verlor und mit seinem Nachbar zu schwatzen begann oder seine Eltern begrüßte, die mit uns im Hintergrund des Saales saßen. Die Empörung in Deinem Gesicht war sehr ausdrucksvoll – Du konntest das nicht verhindern; und wenn Du glaubtest, die Zuhörer bemerkten es nicht, hast Du sogar geschimpft. (Du hieltest Deinen Tadel zurück, wenn er den Ablauf stören konnte, um nicht den gleichen Fehler zu begehen wie Deine Kameradin.)

Wir müssen zugeben, liebe Olga, daß Du und ich auch diesen Wesenzug gemeinsam besitzen: Wir übertreiben gerne mit unserer Forderung nach Anpassung an einen gegebenen Rahmen. Tatsächlich nehmen wir es viel zu wichtig, wenn Leute sich Freiheiten erlauben, die für sie normal sind. In meinem Fall mache ich mich unbeliebt, denn meine Mißbilligung merkt man mir sicher an, und »so schlimm ist es wohl doch gar nicht!«. In Deinem Fall hingegen wird die Forderung nach gemeinschaftlichem Engagement von dem, der sie wahrnimmt, mit Sympathie aufgenommen; und ich finde sie einerseits lustig, andererseits bin ich davon beeindruckt, mich in Deinem Verhalten abgebildet zu sehen: positiv abgebildet im Willen, eine Norm für alle zu beachten, und negativ in

der Schwierigkeit, duldsam zu sein gegenüber den Ausnahmen.
Noch eine andere merkwürdige Neigung haben wir gemeinsam: einem bekannten Musikstück einen neuen, improvisierten Wortlaut zu unterlegen. Mache ich das zu Hause ab und zu? Ich glaube ja; und wahrscheinlich ist Dir aufgefallen, daß auch Deine Mutter es tut; denn wenn es nicht so wäre, könnte ich nicht verstehen, woher Du diese Beschäftigung hast. Aber es ist unleugbar, daß Du und ich darin eine natürliche Leichtigkeit haben und daß auch Du Worte improvisierst, die zu einer vorhandenen Melodie passen. Eines Tages, als ich Dich zur Schule brachte, sangst Du das Lied ›Der Stock‹, das beginnt »Wenn du fest daran ziehst...« mit den Worten: »Bald ist Weihnachten da, ist Weihnachten da, und Olga, ja Olga, wird Ferien haben, ja...«
Es scheint, daß viele Mongoloide sich zur Musik hingezogen fühlen, aber Dein Fall liegt anders: Du verfügst über eine gewisse Erfindungsgabe. Manchmal habe ich etwas angefangen und Dich eingeladen weiterzufahren. Stets hast Du einen Laut zu meinem hinzugefügt, der dem Musikmuster folgte, und hast auch auf Feinheiten geachtet – z. B. eine Silbe auf zwei Noten verteilt, wo die Melodie dies erforderte.
Für manche ist dies wohl viel schwieriger, als ein Gewebe richtig zu knüpfen; für mich und für Dich ist es viel leichter.
Und noch ein gemeinsamer Wesenszug: das visuelle Gedächtnis. Achtung! Ich will damit nicht sagen, Du habest ein außergewöhnliches visuelles Gedächtnis; sicher haben die normalen Mädchen das gleiche Gedächnis oder ein noch besseres. Obwohl ich oft denke, daß Du die Armut an Hilfsquellen, die Dich auf andern Wahrnehmungskanälen einschränkt, vermutlich wettmachst, in-

dem Du Deine visuelle Begabung erweiterst (wie man von Blinden sagt, sie entwickelten ein feineres Gehör als Normale). Wenn ich mich, zum Beispiel, erstaunt zeige bei Deiner Fähigkeit, ein Haus wiederzuerkennen, an dem wir vorübergehen – ein Haus, das Du nur einmal gesehen hast, als wir dort jemanden besuchten –, dann geschieht das vergleichsweise, mit Bezug auf das niedrige Niveau Deiner andern ›Erkenntnis-Instrumente‹. Deine Geschwister hatten schon, als sie noch klein waren, mehr visuelles Gedächtnis als Du, aber ich habe es nicht als einen Wert betrachtet, weil es nichts Außergewöhnliches war.

Was will ich Dir mit all dem sagen, liebe Olga? Daß auch ich ein visuelles Gedächtnis besitze, aber keines für Daten, zum Beispiel? Ja. – Aber vor allem möchte ich Dir sagen, daß es mich ergreift, mich als Deinen Vater zu fühlen und mit Dir so viele Begabungen und so viele Ungeschicklichkeiten zu teilen.

Meine Sekretärin

10

Liebe Olga,

ich stecke nicht in Deinem Kopf, so daß ich wissen könnte, was Du denkst, wenn Du vom Fenster aus auf die Straße blickst oder wenn Du eine Zeitschrift durchblätterst, die Du nicht verstehst.

Denn ich bin überzeugt, Du denkst ununterbrochen – wie jedermann –, aber ich weiß nicht, ob Deine Nachdenkvorrichtung von der unsern verschieden ist oder ob sie gleich ist, wenn auch vielleicht – vielleicht! – *ärmer.* Und wenn ich sage ›arm‹, werde ich unsicher: Ich weiß nicht, ob ich ›*technisch* arm‹ sagen sollte – an Schnelligkeit und Genauigkeit im Bildungsprozeß der Gedanken – oder ›arm an Inhalten‹, in den Ergebnissen.

Übrigens gibt es Gedanken, die *wertvoller* sind als andere. Während der Minute, in der ich mehreren Gedanken über das Fußballspiel, das ich gerade verfolgte, nachhing, hast Du möglicherweise einen einzigen Gedanken gehabt: »Jetzt ist mein Vater glücklich.« (Oft machst Du mich darauf aufmerksam: Heute geben sie Fußball oder Tennis, das freut dich, nicht wahr?) Ich habe den Eindruck, daß ich *mehr* denke. Aber die Frage bleibt offen: Welches sind die Dinge, an die mehr zu denken sich lohnt? Es gibt Menschen, die einen ganzen Tag nicht fähig sind zu denken: »Ich fühle mich lebendig; ich liebe dich; welche Ruhe in dieser Stunde; wie schön diese Glocke klingt.«

Woran denkst Du? Ich meine, woran denkst Du, wenn Du nichts sagst? Denn wenn Du Dich äußerst, dann weiß ich es, und mir gefällt, was Du denkst; aber jetzt, wo ich diesen Zweifel hege, entdecke ich, daß Du nicht sehr gesprächig bist, daß Du lange Zeit still verharrst – aber mit Aufmerksamkeit zuhörst – und daß Du, wenn Du sprichst, etwas ganz Bestimmtes erklären willst. Nie sagst Du unnützes Zeug. Du sprichst nie grundlos. Du erzählst nie Unbedeutendes aus der Schule, sondern Ereignisse, die uns interessieren können. Du redest nie vor Dich hin. Du hast nicht den Tick, Sätze einfach zu wiederholen – wie man das von andern Fällen hört – mit unangebrachter Beharrlichkeit. Es ist, als habest Du Dein beschränktes Ausdrucksvermögen bestens unter Kontrolle; als seist Du so klug, Deine geringe Dosis an Klugheit richtig einzusetzen. Oder vielleicht handelst Du aus Instinkt so. Gleichviel!

Darum wirst Du auch nie lästig, noch störst Du Gespräche, und keiner unsrer Freunde hat Dich jemals als Eindringling betrachtet.

Oft wünschte ich, Du redetest mehr in Gesellschaft; eben um zu erfahren, was Du denkst. Deine betonte Zurückhaltung ist eine Eigenheit, und ich weiß sie zu schätzen, weil sie uns sehr entgegenkam und entgegenkommt, und sie hat uns geholfen, Dein gesellschaftliches Leben zu normalisieren. Doch jetzt fasse ich einen Vorsatz: Das nächste Mal, wenn wir unsere Freunde zu einem Gespräch treffen – wo häufig lang und über mancherlei gesprochen wird –, werde ich Dich plötzlich fragen, was Du über das Gesprochene denkst.

Vielleicht wirst Du es nicht erklären können, aber etwas dürftest Du ja wohl gedacht haben. Ich bin überzeugt, daß es nichts Dummes, aber vielleicht ein selbstverständlicher Gedanke ist. Denn während Du zuhörst und dem

Gang des Gespräches folgst – den Du auf Deine Art verfolgst –, bildest Du Dir sicher Deine Gedanken. Wenn Dir die Übung fehlt, müßte ich versuchen, Dir beizubringen, Deine Eindrücke von dem, was Du erlebst, in Worte zu fassen. Ich weiß schon, daß Deine Welt kleiner ist als meine. Nicht bezüglich der Gefühle oder der Empfindsamkeit – wer könnte das bei zwei Personen *qualitativ* vergleichen! –, sondern in bezug auf die kulturelle Welt, die Welt der Neugierde, der Beobachtung, der vitalen Interessen.

Dein Interessenkreis ist klein; aber es sind Interessen von großer Tiefe, sicherlich auch, weil es wenige sind. Du stehst sehr am Rande der politischen, ökologischen, gesellschaftlichen Probleme. Die Meisterschaften, worin auch immer, die Mode, die Diskotheken, die Jugendprobleme, die bürgerlichen Rechte, die Ferien, das Thema des Geldes, all das ist nicht Teil Deiner Welt, oder Du findest es vor, so wie es ist.

Es sind nicht viele Dinge, die Dich beschäftigen und an die Du denkst.

In dieser Hinsicht, Olga, habe ich Dich gebraucht und brauche Dich, damit Du mir als Sekretärin hilfst.

Nicht wahr, das klingt schön. Dich *Sekretärin* zu nennen? Ich weiß schon, daß es etwas übertrieben ist, und wenn jemand wüßte, daß ich Dich ›Sekretärin‹ genannt habe, würde er glauben, ich sei übergeschnappt. Du hast keine der Eigenschaften, die man von einer gewöhnlichen und bescheidenen Sekretärin verlangt, und die Wahrheit ist, daß ich Dir keine meiner *praktischen* Arbeiten übertragen kann, um mich zu entlasten.

Aber ich vertraue oft mehr auf Dich als auf irgend jemand, wenn es darum geht, an kleine Dinge zu denken. Als wärest Du meine ›Dringlichkeitsagenda‹.

Zum Beispiel: »Erinnere mich daran, Olga, daß ich

dieses Paket nicht vergesse, wenn wir ausgehen.« Oder: »Ehe ich Dich in der Schule abstelle, muß ich zur Zeitungsredaktion fahren und den Beitrag abliefern.«

Du bist immer zuverlässig. Oft vergesse auch ich es nicht, aber mehr als einmal habe ich nur dank Dir daran gedacht. Im selben Augenblick, da ich ausgehen will, hat jemand mit mir telefoniert, oder ich sehe nach, ob ich Tabak bei mir habe, oder irgend etwas anderes lenkt mich ab, und auf dem Treppenabsatz vernehme ich Deine Stimme: »Und das Paket...?«

Auch hast Du mich mehr als einmal, wenn Du bemerktest, in welche Richtung ich mit dem Wagen fuhr, aufmerksam gemacht: »Und der Beitrag...?«

Ja, mein Mädchen, ich war zerstreut.

Dann bist Du äußerst glücklich; Du fühlst Dich nützlich, und es freut mich, Dich sagen zu hören: »Wenn ich nicht wäre...«, oder zu sehen, wie Du jene ausdrucksvolle Grimasse schneidest, die besagt: »Ich hab einen Vater, der ein Fall für sich ist!«

Ja, in diesen Dingen vertraue ich mehr auf Dich als auf Deine Geschwister, und der Grund ist klar: Sie, wie Deine Mutter und ich, hängen an vielen Dingen, gehen ihre eigenen Wege und haben ihre Sorgen. Meine Bitte würde ihr ›Programm‹ zu sehr belasten; leicht könnte sie durch ein persönlicheres oder unmittelbareres Interesse ausgelöscht werden. Deine Welt ist, wie ich sagte, kleiner. Meine Bitte dringt auf eine besondere Art ein und verwandelt sich in eine für Dich wichtige ›Nachricht‹.

Eine Zeitlang bist Du »die Person, die mich an dies oder jenes erinnern soll«. Und normalerweise tust Du das dann auch; und Du tust es sehr gut, weil Du es mir nicht ständig in Erinnerung rufst, sondern es für Dich behältst und Dich darauf beschränkst, mich zu überwachen, und mich erst auf das Versehen aufmerksam machst, wenn es unmittelbar einzutreffen droht.

Ich will nicht wissen, warum

11

Liebe Olga,

Du bist, wie Du bist, einer Ursache wegen, die Du nie verstehen wirst: wegen einer genetischen Störung, wegen eines überzähligen Chromosoms. *Mehr* als notwendig zu haben verwandelt Dich in *weniger* als das *Normale*.

Dieses überzählige Chromosom hat verhindert, daß Du Dich richtig entwickelt hast, und dies ist das offenkundige Paradoxon: wegen eines *Zuviels* bist Du geistig schwach geboren worden. Aber das Phänomen ist nicht so merkwürdig, wie es scheinen mag; auf andern Gebieten der menschlichen Persönlichkeit zeigt sich der gleiche Gegensatz: ein Zuviel an Sensibilität, zum Beispiel, kann pathologische Folgen zeitigen. Niemand wird leugnen können, daß Zuneigung gut ist, aber ein Zuviel an Zuneigung in der Kindheit kann eine Störung auslösen.

Übertreibungen pflegen gefährlich zu sein, und nicht nur die ›negativen‹, wie Armut, zum Beispiel, sondern auch die sogenannten ›positiven‹, wie ein Übermaß an Geld oder an Erleichterungen. Eine übermäßig günstige Ausgangslage ist noch keine Garantie für Erfolg. Die Trisomie 21 – das heißt, das chromosomische Zuviel, das Du hast – ist eine Veränderung, von der ich nicht weiß, warum sie stattfindet; aber eigentlich beschäftigt mich meine Unwissenheit in diesem Punkt überhaupt nicht. Etwas anderes ist mein Wunsch: die Wissenschaftler möchten forschen und schließlich eine Möglichkeit entdecken, diesen Mangel der Natur zu beheben oder zu mildern. Das Warum beschäftigt mich nicht, noch hat es mich je beschäftigt. Deine Geburt hat uns viel Unruhe verursacht, aber keine Frage aufgeworfen.

Wichtig war das Ereignis, und das Ereignis war klar und nicht rückgängig zu machen, und wir mußten es in unsere Pläne einbeziehen.

Es gibt verschiedene Anomalitäten mit unterschiedlichen Ursachen; manche ereignen sich nach der Geburt. Oft ist es möglich, eine *Erklärung* zu finden, in gewissen Fällen sogar die Anomalität auf menschliches Versagen zurückzuführen.

Aber niemand ist ›schuldig‹ an Deinem Problem, liebe Olga; und in bezug auf diesen Punkt müßten die Eltern von Kindern wie Dir vom ersten Augenblick an jeden Schatten des Zweifels oder der Unruhe verscheuchen. Unglücklicherweise geschieht das nicht immer. Ich kenne einige sehr traurige Fälle von Vätern beziehungweise von Müttern, die versucht haben, sich der sie bedrängenden Realität zu entziehen durch Beschuldigungen und Mutmaßungen gegenüber dem ›andern‹.

Du und jene, die wie Du sind, Olga, – Ihr tut wirklich etwas sehr Hartes: Ihr stellt die Erwachsenen auf die Probe. Und oft stellt sich dabei heraus, daß wir nicht erwachsen sind. Wir reagieren mit einer Art kindischer Wut, mit Unreife, die uns in unsrem Leben dazu verleitet, ein Mißgeschick, ein Scheitern, das, was wir Unglück nennen, zurückzuweisen. Und wenn es eintrifft, versuchen wir, die Verantwortung auf einen andern abzuschieben.

Ich will nicht wissen, warum Du so geboren wurdest, Olga. Wenn die Wissenschaftler erklären können, durch welchen Mechanismus das überzählige Chromosom erscheint, mögen sie ihre Entdeckung für sich behalten, um herauszufinden, wie man ihn in Zukunft verhindert. Falls sie schon wissen, ob der auslösende Faktor beim Vater oder bei der Mutter liegt, sollen sie uns keine technischen Erklärungen geben. Mich erschreckt es, an den Schaden zu denken, den gewisse Ehepaare durch das Wissen um die ›technische Verantwortung‹ erführen. Ein mongoloides Kind verlangt von beiden Eltern eine große Verpflichtung, eine Solidaritätsverpflichtung, eine Annahme unter *gleichen Bedingungen.* Wenn es schon im Augenblick, wo noch Unwissenheit über die Ursachen herrscht, oft mühselig ist, die einzig positive Haltung anzunehmen: ›uns beiden ist es zugefallen‹ – wie furchtbar zerstörerisch wird dann die Möglichkeit sein, zu wissen ›auf wessen Konto‹, unfreiwillig, das geht: »Uns beiden ist es zugefallen – aber ich habe nichts damit zu tun, es ist deine Sache.«

Glücklicherweise, liebe Olga, bist Du schon so lange ›unsre Sache‹, daß kein Gutachten, das versuchte, da zu unterscheiden, uns berühren könnte, weder Deine Mutter noch mich. Aber im Falle junger Eltern, die noch nicht Zeit gehabt haben, sich in der Solidarität, von der ich sprach, zu üben, gibt es ›Feinheiten‹ mit verhängnisvollen Folgen, die krankhafte Skrupel wecken und die Abkühlung, Feindseligkeit, Schuldkomplexe, nicht nur unter Eltern, sondern zwischen Familien, verursachen können.

Es scheint mir viel einfacher, sowohl für die Eltern wie für das Kind, die statistische Fatalität hinzunehmen: Jedes siebenhundertste Kind, das geboren wird, ist mit dem Down-Syndrom behaftet. Der Prozentsatz ist praktisch in allen Ländern gleich, in allen Gesellschaftsschichten, in allen Rassen.

Wir haben Pech gehabt, wirklich. Wir haben der Wahrscheinlichkeit vertraut, aber sie hat gegen uns gespielt.

Sie hat auch gegen einige unserer Freunde und Bekannten gespielt. Und gegen viele Unbekannte. Einige davon sind zu mir gekommen, in all den Jahren, um mir mitzuteilen, was ihnen zugestoßen war, und um anzuhören, was ich ihnen etwa sagen konnte. Und was konnte ich ihnen sagen? Wenn sie gegangen waren, fühlte ich mich immer unzufrieden. Kämen sie jetzt, so ließe ich sie vielleicht diese Briefe lesen, die ich Dir schreibe, Olga. Aber kann man Eltern jemals etwas wirklich Nützliches sagen, Eltern, die sich immer noch fragen – und das ist natürlich, denn es muß viel Zeit vergehen, bis die Frage an Bedeutung verliert –: »Warum hat es gerade uns getroffen?«

Ich fürchte, meine Worte, als Anleitung oder Begleitung gedacht, sind ihnen oft ziemlich ›leichtfertig‹ vorgekommen. Vielleicht haben sie sogar gedacht, ich hätte zu wenig meine Betroffenheit angesichts ihres Unglücks gezeigt, weil ich mich nicht an die üblichen Äußerungen hielt. Wahrlich, ich war betroffen! Aber es muß wohl ein Instinkt sein – ich weiß nicht, ob richtig oder falsch –, der mir verbietet, dieses Thema zu sentimentalisieren. Ich sagte, ich sei ihnen vielleicht zu leichtfertig erschienen, denn statt mich eine Weile der gegenseitigen Selbstbemitleidung zu widmen, ging ich sofort daran, die Lage dessen, der mich befragte, zu erwägen und einige praktische Vorschläge zu unterbreiten, wie bei einem Fall, über den man ruhig beratend nachdenken kann, und nicht wie bei einem Fall, der die vitale Problemlage einiger Menschen gestört hat.

Ich bin wohl ein schlechter Berater; aber es würde mich freuen, wenn es auf lange Sicht für alle, die sich mir spontan genähert haben – und die, wer weiß, vielleicht unzufrieden wieder abgezogen sind –, nützlich gewesen ist, daß sie mich kaum niedergeschlagen gesehen haben.

Denn ich bin überzeugt, daß eine der Aufgaben für jene, die das Problem bereits verdaut haben, darin besteht, den andern zu helfen, ihre Zwangsvorstellung abzubauen. Es ist ein Irrtum – vor sich selbst und vor dem Kind –, diese Zwangsvorstellung mit Verantwortung zu verwechseln. Man muß einen sehr klaren Kopf bewahren und ein sehr heiteres Gemüt, um ein persönliches und familiäres Leben, dem ein Down-Syndrom zugefallen ist, angemessen zu organisieren. Deshalb ist es notwendig, unnütze und schädliche Fragen zurückzuweisen und sich mit der statistischen Erklärung zu begnügen. Wir haben ganz einfach ›Pech‹. Und was müssen wir tun, wenn wir auf irgendeinem Gebiet Pech gehabt haben?

Wir müssen versuchen, es zu kompensieren.

Und Du, liebe Olga, bist gleichzeitig unser Pech und unsere Kompensation.

Ich werde Dir das noch erklären.

Was bedeutet ›menschliches Leben‹?

12

Liebe Olga,

Du weißt nicht, was ›abnormal‹ bedeutet; aber viele Leute, die erwachsen sind, wissen es auch nicht. Wüßten sie, was hinter dem Wort ›abnormal‹ steckt, würden sie es nicht so gedankenlos verwenden.
Sie verwenden es nämlich als Schimpfwort. Du siehst, Olga, welch unglücklicher Einfall das ist! Jemand damit zu beschimpfen, es ihm zum Vorwurf zu machen, daß seine Intelligenz geringer ist als die normale... Als ob eine geringere als die durchschnittliche Intelligenz ein Verbrechen wäre, eine Sünde, ein Laster, eine Schuld. Es ist, als wollte man jemanden beschimpfen, weil er von Geburt blind oder taub oder invalid ist.
Wenn sie es nicht wagen, einen Abnormalen zu verletzen, indem sie ihm ›abnormal‹ nachrufen, wie kommt es dann, daß sie bedenkenlos doch irgendeinen so bezeichnen? Es geschieht nicht aus Bosheit, ich weiß es. Es geschieht aus Leichtfertigkeit. Es geschieht aus Mangel an Sensibilität. Dieses Schimpfwort wird sogar von Leuten gebraucht, die die Wirklichkeit der geistig Behinderten kennen; und das veranlaßt mich anzunehmen, daß es ein Wort ist, das bereits einen konventionellen Wert besitzt, der über den eigentlichen Sinn, gesellschaftlich gesehen, hinausgeht. Es geschieht etwas Ähnliches mit dem Ausdruck ›Hurensohn‹, auf jemanden angewendet, der eine unwürdige Tat begangen hat, einem Schimpfwort, das

wir oft aus dem Munde sonst fortschrittlich und vorurteilslos denkender Leute hören, die nicht merken, daß sie damit den Begriff der Frau als Dirne, die zwangsläufig verdammt ist, schlechte Früchte zu tragen, verewigen.

Es stört uns, ›abnormal‹ als Schimpfwort zu hören, weil wir für diese Art von Menschen empfindsam geworden sind; aber wir sehen auch ein, daß eben noch nicht jedermann über diesen Punkt genügend nachgedacht hat.

Mehr Mühe bereitet es mir zu verstehen, liebe Olga, daß es Erwachsene gibt, deren Unbesonnenheit oder Unkultur – ich sage nicht Bosheit (die gibt es nicht) – sie so weit treibt, Euch spontan und gleichsam offiziell geringzuschätzen. Dies beweist, daß sie Euch überhaupt nicht kennen. Vor drei oder vier Jahren gab eine Frau, die ein wichtiges Amt bekleidet, für eine Zeitung ein Interview zum Thema Abtreibung. Sie sagte: »Die straflose Abtreibung ist nur gerecht. Wenn ich mit fünfzehn Jahren – da war ich ledig – geschwängert worden wäre –, ich weiß nicht, was ich getan hätte. Geschähe mir das jetzt, mit vierzig Jahren, ich würde nicht abtreiben. Gut, falls ich mit neunundneunzigprozentiger Sicherheit damit rechnen müßte, ein abnormales Kind auf die Welt zu bringen, dann ja, weil es widersinnig wäre – *das ist ja kein menschliches Leben.*«

Als ich das gelesen hatte, sah ich Dich an, Olga, und spürte, wie mich eine merkwürdige Wärme durchflutete. Es war, als ob mir jemand sagen wollte, all das Herrliche, von uns Tag für Tag Aufgebaute sei eine Lüge.

Ich schätzte und schätze jene Frau, die meiner Ansicht nach in manchen Belangen hervorragt. Wir alle rutschen einmal aus, täuschen uns dann und wann. Schlimm

ist nur, wenn der Irrtum sich in eine dauerhafte, gesicherte Meinung verwandelt und dann wie ein endgültiges Urteil aussieht.
Ich achte auch die Gewissensfreiheit der Frau, deren Entscheidung im angenommenen Falle vielschichtig und heikel wäre: Sie würde abtreiben, wenn sie wüßte, daß sie mit neunundneunzigprozentiger Sicherheit ein abnormales Kind zur Welt brächte. In einigen Fällen ist es schon möglich, das mit Sicherheit zu sagen; in andern Fällen handelt es sich vielleicht um zehn Prozent, dreißig Prozent, vierzig Prozent... Welcher Risikofaktor ist noch akzeptabel?
Was ich aber nicht akzeptiere, ist die Behauptung »das ist kein menschliches Leben«. Dank Dir, Olga, konnte ich diese so dogmatische Behauptung nicht akzeptieren, weil Du mir zum Verständnis verholfen hast, daß das ›menschliche Leben‹ eine anfechtbarere und nuancenreichere Wirklichkeit ist, als es scheint. Wahrscheinlich ist es einfacher, sich über das ›biologische‹ Leben zu einigen, aber das ›menschliche‹ Leben ist eine Abstraktion, zu der man verschiedene Deutungen, Wertbestimmungen, Vorurteile etc. zulassen müßte. Ist ein Leben, besessen von der Zwangsvorstellung des Geldes, versteinerter Selbstsucht oder... – ist das ›menschlich‹?
Lassen wir das.
Wenn jene Frau sagte, das sei kein menschliches Leben, dann bezog sie sich auf das abnormale Kind; aber es ist auch möglich, daß sie vermutete, Eltern in dieser Lage wären dazu verurteilt, eine unmenschliche Existenz zu führen. Und ich fürchte, ihre Worte fielen so unglücklich aus, weil man ihr nie die Möglichkeit bot, das Problem aus der Nähe zu erleben, und weil sie auf Grund einiger negativer Berichte urteilte.
Es ist ohne Zweifel vorteilhaft, dieses Problem nicht aus

der Nähe erleben zu müssen; aber dann empfiehlt sich Takt, wenn man ein Urteil fällt; und vor allem sollte man nicht verallgemeinern. Denn unter den Abnormalen – den geistig Behinderten – besteht die gleiche Vielfalt wie unter den Normalen. Es stimmt, daß ein gewisser Typ von aggressiver, asozialer oder kommunikationsloser Abnormalität die familiären Beziehungen stark beeinträchtigen kann, ebenso wie andere Kranke, etwa ein Alkoholiker, Drogensüchtiger oder Psychopath etc. Es ist verständlich, daß dort, wo eine schwere Störung auftaucht und zudem noch chronisch wird, jemand denken mag, das sei kein Leben!

Das Zusammenleben mit dieser Art von Abnormalen kann das Leben oder die Menschen in deren Umgebungung ›unmenschlich‹ machen – weil es die entsprechenden Sozialstellen und -helfer nicht gibt; weil die Gesellschaft, nicht der Kranke, unmenschlich ist. Aber die ›unbequemen‹ Abnormalen haben auch ein Leben, das, obgleich nicht privilegiert wie das unsre, ebenfalls menschlich ist.

Wie viele Eltern und wie viele Lehrer, liebe Olga, haben von Dir und von Deinen Kameraden ganz anders gesprochen als die Frau in der Zeitung! Wir haben, und zwar aus eigener Erfahrung, die aufschlußreiche Entdeckung der besonderen und tiefen Menschlichkeit – der Wünsche, Gefühle, Freuden und Ängste – der ›andern‹ Menschen besprochen.

Neben den Fällen dramatischen Zusammenlebens, die man lösen soll, gibt es auch ganz andere. Nie habe ich es bereut, Olga, vom ersten Tag an nicht, für Dein schwieriges Überleben kämpfen zu müssen. Der intellektuelle Mangel ist eine Sache; eine andere, ebenso sichere, ist die Herzlichkeit, die Bereitschaft, allen helfen zu wollen, die Fähigkeit zur Freude, die Du besitzest. Ich bin ge-

scheiter als Du, aber ich bin nicht so sicher, ob auch menschlicher. Auf jeden Fall ist, was in mir etwa rein, zärtlich, friedfertig, selbstlos erscheint – ich weiß es sehr gut –, zu einem großen Teil Dein Werk.
Ein abnormales Kind zu haben ist nicht wünschenswert. Aber ich wäre der Unerwünschte, wenn ich im Laufe der Jahre nicht begriffen hätte, daß wir beide, Du und ich, Olga, uns gegenseitig bereichert haben mit gemeinsamer Liebe und in der – ja, auch meinerseits – gemeinsamen Lehrzeit.

Dein Friede und Dein Himmel

13

Liebe Olga,

wenn Du jeweils in Solius ankommst, im Haus, das im Wald liegt, atmest Du tief ein, und wir hören Dich sagen: »Welch ein Frieden.«

Du liebst die verschiedenen Formen friedlicher Ruhe – zum Beispiel eine friedliche Gegend. Du fühlst Dich wohl in der Stille der Natur, Du ruhst Dich aus unter Bäumen in einer Liege.

Auf jeden Fall liebst Du die gemeinsame Ruhe, die lebensvolle Ruhe; und auch in diesem Punkt stimmen wir überein. Die bloße Natur ermüdet Dich rasch – der große Wald, das unermeßliche, einsame Meer –, dagegen erscheint sie mir außerordentlich anregend, wenn ich darin eine Spur menschlicher Gegenwart entdecke, ein bestelltes Feld an einem Eichenwald, einen Bauernhof in einer Waldlichtung, eine Windmühle, ein Boot, das der Küste entlangfährt.

Du liebst es auch, daß einige der andern Häuser von Solius an den Wochenenden bewohnt sind. »Es sind meine Freunde«, sagst Du. Ja, sie sind es, und ab und zu läßt Du Dich trotz Deines Beins nicht daran hindern, sie auf eigenes Risiko zu besuchen. Zu Deinen besten Freunden gehören die Mönche und der Abt, die Dich mit soviel Liebe behandeln und Dir zu Deinem Namenstag eine Postkarte schicken.

Ich war versucht zu sagen, wir suchten alle den Frieden,

Olga; aber ich bin da nicht so sicher. Ich denke, es gibt Leute, die ihn nie suchen, weil sie nicht wissen, daß es ihn gibt, oder nicht wissen, wie man ihn suchen soll, wenn man ihn finden will.

Und sicher ist es nicht immer notwendig, aufs Land und in die Einsamkeit zu gehen, um Frieden zu finden, denn oft können ihn uns auch Menschen bringen. Du, zum Beispiel. Der Umgang mit Dir beschert Frieden, denn wer mit Dir eine Weile verbringt, ein kurzes Gespräch führt, entfernt unwillkürlich alles, was ihn an einer Begegnung mit Deiner Naivität hindert, aus seinen Gedanken und aus seinem Herzen. Ich weiß schon, daß das Wort ›Naivität‹ oft abschätzig oder mit einem Beigeschmack von Mitleid verwendet wird. »Er ist halt naiv!« Das zeigt, wie viel Hinterhältigkeit, Mißtrauen und Verstellungskunst in unserer Gesellschaft gelten! Wenn ich jetzt ›naiv‹ sage, dann meine ich damit eine Deiner positivsten Eigenschaften, Olga. Im römischen Recht war der ›Naive‹ der frei Geborene. Du bist frei geboren worden, frei von Falschheit, böser Absicht und besitzergreifender Herrschsucht.

Wer sich Dir nähert, weiß das, spürt es; er kann dann wählen zwischen Wegschauen und einer Begegnung mit Dir. Wie kurz diese Begegnung auch sei, sie muß auf Deiner Ebene der Naivität stattfinden, wo jeglicher Ehrgeiz sinnlos ist; und mit dem Entschluß, sich für einige Augenblicke von der Rolle, die er in der Erwachsenenwelt spielt, zu trennen, eröffnet sich jedem eine kleine Pause des Friedens.

Der Friede findet sich im Wald und im Garten der Mönche von Solius, aber vor allem in Dir. Du weckst ihn. Du entfernst das Spinnengewebe aus Winkeln, wo unsere Eigensucht, der Neid, der Zorn die Lebensfreude umgarnen, ersticken möchten. Deine Liebe zum Frieden ist nicht defensiv; es geht Dir nicht nur um Dein eigenes Wohlbefinden. Dich beschäftigt der gesellschaftliche Friede, der Friede der Welt. Deine Informationsquellen sind viel beschränkter als die meinen, aber oft kommst Du mit etwas, was Du anderweitig gehört oder im Fernsehen gesehen hast, und teilst mir empört mit, ein Krieg sei ausgebrochen oder ein Anschlag habe stattgefunden.

Einmal kamst Du mit einem sehr treffenden Satz: »Ich weiß nicht, warum die Pfarrer so viel reden, wenn die Leute doch nie auf sie hören!« Dir gefallen die Priester, etwa Pater Joan von der Schule, und die Mönche, weil sie Dir zugetan sind, und Du hörst sie von der Liebe und vom Frieden sprechen. Du möchtest, daß alle einander lieben, und verstehst nicht, warum sie es nicht tun. Du hast die Gründe der Lieblosigkeit und des Hasses nicht kennengelernt und bist bei Deiner eigenen, tiefen *Vernunft* geblieben. Und Du bist darin konsequent: Du liebst alle. Nie habe ich bei Dir das geringste Zeichen von Diskriminierung entdeckt; und wenn Dich einmal irgend jemand, der Dich wirklich liebt, mit unnötiger Härte behandelt, sagst Du, ohne in Deiner Zuneigung irre zu werden: »Manchmal, weißt Du, ist er eben so.«

Du bist eine praktizierende Christin, Olga. In der Schule hast Du eine Deinem Niveau angepaßte, elementare religiöse Bildung erhalten, und Du hättest Dich mit den bloßen Formen und Formeln begnügen können. Aber tatsächlich lebst Du in einer Haltung steter Zuwendung und Nachsicht gegenüber den andern, was doch das grundlegende Wesensmerkmal christlicher Lebensweise ist.

Dein Gewissen unterscheidet klar zwischen Gut und Böse: gut ist die Liebe, böse ist die Gewalt. Nie hast Du jemanden geschlagen; nie habe ich an Dir eine gewalttätige Geste gesehen; nie habe ich von Dir ein beleidigendes oder verletzendes Wort gehört. Und nicht etwa, weil Du dazu unfähig wärst: Du hast die Gabe der Ironie, der konstruktiven Kritik an menschlichen Verhaltensweisen. Du bist fähig, zu reagieren und zu überlegen. Nicht aus Unfähigkeit, wie gesagt, bist Du nicht gewalttätig, sondern Deine Friedlichkeit entspringt einem *Willensakt*.

Für Dich gehen alle, die sterben, in den Himmel. Der Tod hat Dir schon manchen Kummer bereitet. An einige meiner Freundinnen, die Dich seit Deiner Geburt gekannt haben, wie Fede oder Gloria, erinnerst Du Dich manchmal. Jetzt sind sie im Himmel, sagst Du. Ich weiß nicht, was der Himmel für Dich ist. Ich werde Dir nie sagen, daß ich an den Himmel, wie er mir erklärt wurde, nicht glaube; aber wenn Du mich fragst: »Sie sind im Himmel, nicht wahr?«, gebe ich Dir recht. Denn dort sind sie in der Tat.

In Deinem Himmel. Ich glaube an Deinen Himmel, mehr noch, ich habe in ihm bereits einen Platz belegt. Der Himmel, liebe Olga, ist die endgültige Geste der Güte, die von Deinem Herzen ausgeht.

Von der Hölle dagegen sprichst Du nie. Ich glaube, Du nimmst sie nicht zur Kenntnis. Es ist möglich, daß weder die Priester noch die Klosterschwestern, noch die Mönche, mit denen Du zu tun gehabt hast, Dir je davon gesprochen haben. Wir sind ihnen dafür dankbar.

Ich bin glücklich, daß Du nie von der Hölle und oft vom Frieden sprichst. Du irrst Dich nicht, Olga: der Friede *muß sein*, und die Hölle *kann nicht sein*. Nach den vielen Jahren des Umgangs mit Dir weiß ich das sehr genau.

Die Vaterrolle

14

Liebe Olga,

vielleicht sollte ich, um genauer zu sein, sagen »Liebe Tochter«, aber ich verspüre keine Berufung, Vater zu sein. Es heißt, Berufung sei die Veranlagung oder Neigung, einen Beruf, eine Kunst etc. auszuüben, und in dem dicken Buch, worin Du mich oft nachschlagen siehst, finde ich zwei Beispiele dafür: künstlerische Berufung, Berufung zum Lehrer.

Ich verspüre keine Berufung, Vater zu sein; wenigstens nicht so wie die meisten, die ich kenne: eine Veranlagung oder Neigung, Vaterschaft auszuüben gemäß den in unsrer Gesellschaft herrschenden Gewohnheiten.

Es gibt manche Ehepaare mit Kindern, bei denen es üblich ist, daß die Eheleute einander mit ›Vater‹ beziehungsweise mit ›Mutter‹ anreden.

Bei uns zu Hause geschieht das nicht. Meine Frau und ich nennen einander weiter beim Vornamen, und an unsere Kinder wenden wir uns ebenfalls mit ihren Vornamen und nicht mit ›Sohn‹ oder ›Tochter‹. Ich habe immer das Gefühl gehabt, daß der ›Beruf‹ des Vaters, wie etwa der des Schriftstellers, etwas Hinzugefügtes ist, was das Bleibende und Wesentliche eines Menschen weder ersetzen noch verdrängen kann.

Daß ich der väterlichen Berufung entbehre, soll nicht heißen, daß ich meine Pflichten als Vater nicht meinem Gewissen gemäß hätte wahrnehmen wollen. Es hat sich freilich gezeigt, daß sich meine Vorstellung von der Rolle eines Vaters – einer Rolle, die gut auszufüllen ich verpflichtet bin, aber nicht im Sinne eines Rollenspiels im gesellschaftlichen Leben – nicht vollkommen mit der Vorstellung anderer mir bekannter Väter deckt.

Jemand könnte auf den Gedanken kommen, das Fehlen meiner Berufung gerade an dem Umstand abzulesen, daß ich Vater mit einer Tochter wie Du bin. In dem Sinne, wie die Leute das wohl verstünden, trifft es gewiß nicht zu. Deine Geschwister – Josep, der bereits verheiratet ist, und Gemma, die noch zu Hause wohnt – würden mir, glaube ich, recht geben; weil ich so bin, wie ich als Person bin, und nicht Deinetwegen bin ich kein sehr gewöhnlicher Vater.

Schau, Olga, ich will Dir sagen, was ich nicht bin: Ich bin kein Mensch, der einen Beruf studiert hat und ihn nun ausübt oder der ein Geschäft geerbt oder aufgebaut hat, das nun sein ›Werk‹ darstellt (und das er oft mit seinem Leben verwechselt), oder der einen gesicherten Arbeitsplatz innehat mit vorhersehbaren Gehaltserhöhungen, Ferien und Sonderzulagen; nie habe ich irgend so etwas gehabt. Und dazu gehört auch, glaube ich, daß ich nicht ein Mensch bin, der glücklich ist, weil er sich eine Filmkamera erstehen kann, über einiges Geld verfügt oder seine Wohnung mit noch mehr Luxus aufmöbeln oder einen neuen, noch schickeren Wagen kaufen kann (nachdem ich sieben Jahre denselben 127 gefahren bin, habe ich mir für weitere sechs Jahre wieder einen 127 gekauft). Ich bin nicht ein Mensch, der zu Hause *seinen* Lehnsessel und am Eßtisch seinen Ehrenplatz hat, der als erster bedient wird und dem das beste Stück Fleisch zusteht; nicht etwa, weil man es mir nicht hätte zugestehen wollen, sondern weil es sich herausgestellt hat, daß mir dieses Spiel nicht zusagt. Ich habe nie die Absicht verfolgt, meine Existenz gesellschaftlich zu *untermauern*. Sobald es darum ging, Vater zu sein, habe ich dies als eine Möglichkeit ergriffen, in einen Prozeß *einzugreifen*, und nicht bloß als Pflicht, einem Muster gemäß ein *Produkt* herzustellen. Glaube ja nicht, Olga, daß Dein Vater sich auf das, was er sagt, etwas einbildet. Ganz und gar nicht. Ich sage nur, daß ich nicht gehandelt habe wie andere Väter, die meine Freunde sind, die ich sehr schätze und denen ich aufrichtig nur Gutes wünsche.

Wenn ich kein berufener Vater war, dann vielleicht deshalb, weil ich seit vielen Jahren Berufungen für gefährlich halte, wenn wir wollen, daß andern wirklich unsere uneingeschränkte Hingabe und Anteilnahme zukommt. Ja, seit einiger Zeit ist mir klar, daß viele berufene Eltern Gefahr laufen, nicht ›berufene‹ Kinder, sondern Kinder nach dem Muster der elterlichen Berufung heranzubilden.

Liebe Olga, ich fand nicht den notwendigen Mut dazu, die Bildung Deiner Geschwister an die Hand zu nehmen. Ich zog es vor, ihnen die Möglichkeit zu verschaffen, sich selbst in ihrer Zeit zu finden; denn viele Verhaltensweisen und Gebote der Erwachsenen werden von der raschen Entwicklung der gegenwärtigen Generationen überholt.

Ich bin nicht, wie wir auf katalanisch sagen, ein *criaturer*, jemand, der gern mit Kindern spielt und in sie vernarrt ist. Ist es übertrieben zu behaupten, daß es Leute gibt, die ihre Kinder wie lebende ›Objekte‹ behandeln und über sie unzweifelhaft echte Gefühle ergießen?

Ich habe Kinder stets als Entwürfe zu erwachsenen Menschen betrachtet und folglich als Menschen, die von allem Anfang an nicht ›mir‹ gehören und deren zunehmende Unabhängigkeit ich zu fördern habe. Darin besteht, glaube ich, meine Verpflichtung. Und meine

Rechtfertigung wird es sein, wenn sie dann, größer geworden, im Vergleich zu mir ganz ›andere‹ geworden sind. Ich bin nicht gegen die Familie, im Gegenteil. Ich bin in einem glücklichen Familienkreis aufgewachsen, mit Eltern von außerordentlicher Güte. Das Weihnachtsfest – mit meinem siebenundachtzigjährigen Vater als Vorsitzendem am Tisch und mit meinen Brüdern, den Schwägerinnen, deren Söhnen, den Nichten und Neffen und dem Großkind – ist mir besonders ans Herz gewachsen. Und am andern Ende des Tisches nimmst Du Platz, Olga, und siehst, wie wir alle sehr glücklich sind.
Aber was ist da zu machen? Ich bin eher berufen, Familienkind als Familienvater zu sein. Ich bin eher begabt, Einfluß aufzunehmen als auszuüben. Dabei weiß ich, daß auch ich beeinflusse – wir alle tun das, ob wir es wollen oder nicht. Ich hätte gerne auf Dich, liebe Olga, und auf Deine Geschwister Einfluß ausgeübt in all dem, was euch nützlich und frei annehmbar gewesen wäre; aber im guten wie im schlechten war ich unbegabt, in jedem konkreten Fall, wirklich auf meinem Einfluß zu bestehen.
Ich habe weder eine Berufung zum Vater normaler Kinder noch die zum Vater einer abnormalen Tochter verspürt. Ich habe Dich nie als ›Kind‹ behandelt, Olga, sondern als eine behinderte Erwachsene. Und wer weiß, ob das, was ich Dir soeben gesagt habe, daß ich nämlich diese Art von Vater auf Grund meines Charakters und meiner Ideen und nicht Deinetwegen sei – wer weiß, ob das wirklich stimmt. Wer weiß, ob nicht die Erfahrung mit Dir, die gewaltige Achtung vor Deinem Anderssein mich dazu gebracht hat, die Freiheit der andern und auch die Deiner Geschwister höher zu schätzen und schließlich zu glauben, daß meine Vaterrolle ganz einfach darin

bestehe, verfügbar zu sein und nicht auf übliche Vaterart zu handeln, die zwar vielleicht richtig, aber in meinen Augen Kurpfuscherei ist.

Nichts fordern

15

Liebe Olga,

bestimmt weißt Du nicht, daß die Mehrzahl der Menschen von diesem Leben etwas erwartet, oder um es modisch zu sagen: Sie haben Ziele.
Was ist dein Ziel? Was hast du vor? Wie weit willst du es bringen? Was gedenkst du zu erreichen? Alle fragen es alle; und viele fragen es sich selbst. Es handelt sich darum, zu programmieren, zu entwerfen, zu planen ... Wahrscheinlich ist es nicht möglich zu leben, ohne bestimmte Vorsätze zu fassen.
Du hast keine der Ziele, die normalerweise den Gedanken und Handlungen der Leute vorangehen: zu heiraten oder sexuelle Beziehungen zu haben – ein Thema, das in Untersuchungen über die Befindlichkeit der Abnormalen jahrelang verdrängt wurde und das jetzt erst beginnt, ein klein wenig diskutiert zu werden. Wie auch immer: Nie haben wir in Dir diesbezüglich eine Unruhe bemerkt, etwa den Wunsch nach einem Arbeitsplatz; oder in Sachen Geld; oder in bezug auf die Befriedigung, sich ein Haus bauen zu können, die soziale oder kulturelle Stellung zu festigen, Kinder zu haben und von ihnen Dankbarkeit zu erwarten, für den morgigen Tag zu sparen, sich den Ruhestand zu sichern... Nichts von alledem, was sonst üblich ist, erwartest Du vom Leben.
Was Du erwartest, ist viel bescheidener und unmittelbarer; es sind äußerst konkrete Dinge: daß es am Wochen-

ende, wo wir aufs Land fahren, nicht regne; daß sie heute abend im Fernsehen einen ›Familien‹-Film bringen – und nicht einen Kriegsfilm –, denn das ist es, was Du magst; daß wir Deinem Boscana-Fest beiwohnen; daß wir Dir eine Postkarte schicken, wenn wir auf Reisen gehen; daß die Großmutter wieder gesund werde. Der Horizont Deiner Ziele ist also beschränkt im Hinblick auf das, was Du unmittelbar verwirklicht haben möchtest, hingegen sehr anspruchsvoll auf dem Gebiet der großen Wünsche: daß wir immer leben, daß sich die ganze Welt liebe und glücklich sei...

Was Dir fehlt, ist jene Zwischenzone von mittelfristigen Wünschen und Zielen, die ich erwähnt habe: beruflichen, gesellschaftlichen, wirtschaftlichen etc; und gerade diese Zone ruft bei den Leuten eben die normalen Illusionen und oft auch die unvermeidbaren Spannungen und Frustrationen hervor. In Wahrheit, liebe Olga, bittest Du das Leben nur um Leben, und zwar nach Deinem Maße.

Nicht nur bist Du frei von Ehrgeiz, sondern Du hast eine großartige Eigenschaft: Du bist in keiner Art und Weise besitzergreifend. Und noch mehr: Du bist weder geschäftstüchtig noch eine Paktschinderin. Du machst, was Du glaubst, tun zu müssen, und verlangst kein Entgelt.

Du hast mich nachdenken lassen, Olga, über diesen hartnäckigen menschlichen Hang zu Zielen, über den Kampf um deren Verwirklichung, über die Waffen der Zugeständnisse und des Entgeltens. Es ist augenfällig, daß solche Praxis in den zwischenmenschlichen Beziehungen nicht nur normal, sondern auch erlaubt ist.

Ich habe diese Haltung oder diese soziale Doktrin jedoch nicht zum alleingültigen, beherrschenden Leitbild meines Lebens erheben können. Und Du bist der Grund dafür.

Es ist einfach zu verstehen: ich kann von Dir kein Entgelt verlangen; ein Entgelt dafür, daß Du meine Tochter bist oder daß ich Dein Vater bin; ein Entgelt dafür, daß ich durch die Jahre hindurch mich um Dich kümmere und versuche, die Probleme zu lösen; ein Entgelt dafür, daß ich mich Deinetwegen eines kleinen Wunsches enthalte, oder ein Entgelt für meine große Liebe. Entgelt wofür auch immer, ich kann Dich nicht darum bitten. Und dies ist die Lehre, die Du mir erteilt hast: Nicht immer im Leben haben wir das Recht, für unsern *Beitrag* noch einen *Ertrag* zu beanspruchen.

Wir müssen akzeptieren, daß wir einige Handlungen *unentgeltlich* verrichten. Da dies einzusehen gut ist, bin ich Dir für diese Einsicht Dank schuldig.

Ich sage unentgeltlich, weil ich bewußt nicht ›großmütig‹ sagen wollte. Großmut scheint mir ein zu wichtiger Gedanke und ist übrigens nicht auf unsren Fall anwendbar. Großmut klingt nach ›Tugend‹ oder bedingt wenigstens eine freie und verdienstvolle Uneigennützigkeit, derweil ich Dir gegenüber eine ›Verpflichtung‹ habe oder, besser gesagt, Verpflichtungen; und zu diesen Verpflichtungen kommt jene hinzu, Handlungen unentgeltlich zu verrichten, d. h. ohne daß sie ›bezahlt‹ werden.

Eines der großen Probleme in Gefühlsbeziehungen unter Menschen entsteht dann, wenn in den Beziehungen eine gewisse ›Bezahlung‹ erwartet wird. Dies geschieht unter Partnern, zwischen Freunden und auch zwischen Eltern und Kindern. Bis heute halten manche Väter und Mütter noch am traditionellen Anspruch fest, daß Kinder für all das, was die Eltern für sie tun, Dankbarkeit bekunden. (Eine Nuance: Es genügt nicht, daß sie dankbar sind, sie müssen es zeigen. Und sie müssen es nicht so zeigen, wie es dem Kinde logisch erscheint, sondern in der Art und Weise, wie die Eltern es verlangen.)

Die Gefahr besteht immer, den an sich verständlichen Wunsch mit einer moralischen Erpressung zu koppeln. »Nach all dem, was wir für dich getan haben...« Es erweist sich als unannehmbar, daß nach all dem, was die Eltern für ihn getan haben, der Sohn nun mit einer Frisur herumläuft, die den Eltern mißfällt. Welche Undankbarkeit, Heilige Jungfrau! Wenn dabei nicht echte Dramen entstünden – Du und ich, Olga, wir würden uns krummlachen.

Es gibt Ehemänner und Ehefrauen, Freunde und Eltern, die stets auf diese oder jene Weise für das, was sie getan haben, ›kassieren‹ wollen. Der Sohn soll mit guten Noten bezahlen oder indem er bestimmte Studien belegt, indem er mit dem Mädchen A und nicht mit dem Mädchen B ausgeht, auf eine Reise mit seinen Freunden verzichtet, weil die Eltern ihn übers Wochenende oder während der Ferien lieber an ihrer Seite hätten... Als ob ein Kind genährt und erzogen zu haben eine Anlage wäre, die Zinsen garantiert...

Ich meine, die angemessene Verrechnung müßte lauten: »Nach all dem, was wir für dich getan haben... ist es nun an dir, das zu tun, was du für dich selbst am besten findest.«

Ich kann von Dir, Olga, als Entgelt für das, was ich für Dich getan habe, nichts verlangen, und ich weiß es, seit vielen Jahren. Diese Einsicht hat mich dazu geführt, auch Deinen Geschwistern gegenüber eine unentgeltliche Haltung einzunehmen. Und das ist ein Glück; denn bei Deiner Unfähigkeit zu ›kompensieren‹ hätte ich als Belohnung, als ›Elternrecht‹, an Deine Geschwister maßlose Ansprüche stellen können.

Du bist sehr beschränkt, sagen sie, und es stimmt. Dennoch bist Du gleichzeitig eine unerschöpfliche Quelle von Anregungen. Du hast, liebe Olga, meinen inneren

Horizont erweitert und hast es fertiggebracht, daß einige uneigennützige Handlungen darin Platz haben – nicht so viele, wie ich gerne möchte –: solche, die weder Kummer bereiten noch ängstigen, weil sie keinen Ertrag einbringen.

Ein einmaliges Geheimnis

16

Liebe Olga,

ich bedaure, nie auf den Gedanken gekommen zu sein, einiges aufzuschreiben von dem, was Du im Laufe all der Jahre gesagt und womit Du mich überrascht hast.
Ich erinnere mich – es ist schon lange her – an einen Reklamespot über Starlux im Fernsehen. In einem bestimmten Augenblick sah man zwei Kühe zusammenstoßen, und gleichzeitig erklang ein bezeichnendes Gedudel und eine Stimme sagte: »Doppelte Fleischbrühe Starlux.«
Damals warst Du klein. In der Schule vertriebt Ihr Mädchen Eure Zeit auf der Rutschbahn. Einmal übersah eines der Mädchen, das hinunterrutschte, daß sich seine Vorgängerin noch nicht entfernt hatte. Du beobachtetest den Zusammenprall und hattest den Einfall, das Gedudel ›Doppelte Fleischbrühe Starlux‹ zu singen!
Manchmal hast Du solch rasche Reaktionen eines Humors, den ich besonders liebe; was mich dabei am meisten beeindruckt, ist, daß Du diese Dinge für niemanden sagst. Du hältst Dich nicht für witzig, noch willst Du Dich zur Schau stellen, sondern es sind Bemerkungen, die Du für Dich machst, oft ganz leise, und ich bin überzeugt, ich habe manche verpaßt.
Auch pflegst Du zum Spaß Wörter zu erfinden und abzuwandeln; darin hat Dich Deine Mutter, die das auch tut, beeinflußt. Ich weiß nicht, woher sie das Liedlein hatte:

»Das Meer ist frischibiris, frischibiris, Madame, und es ist eine Freudibiris, Freudibiris zu schwimmen...« Einige Zeit später sagte sie etwas zu Dir und begann: »Hör zu, Olgibiris...« Jetzt sagst Du das auch ab und zu, aber nicht einfach bloß so dahin, sondern nur, wenn sich Dir eine besondere Gelegenheit dazu ergibt, zum Beispiel, wenn Du uns an Weihnachten eine Glückwunschkarte vorbereitet hast, die Du hinter Deinem Rücken versteckt hältst, und dann strahlst: »Nun schaut her, was euch die Olgibiris bringt.«
Es scheint, als machtest Du die Beschränktheit Deiner Ausdrucksmittel mit einem uns fremden Gespür wett, dank dem sich alles, was Du uns sagst, in eine Situation einfügt. Und es muß irgendeine Erklärung dafür geben, daß Du zwar einerseits viele Wörter, die zur Allgemeinbildung gehören, nicht kennst, andrerseits aber eine gewisse wortschöpferische Begabung zeigst. Als ob Du in Deinem Hirn eine *eigenschöpferische* Kraft entwickelst, mit der Du spontan versuchst, gegen die Hürde, die Dich anderer *Kenntnisse* beraubt, anzukämpfen.
Nicht alles, Olga, was ich gern von Dir aufgeschrieben hätte, ist lustig wie der Einfall mit der Starlux-Melodie. Ich werde, zum Beispiel, nie vergessen, was Du am Tag Deiner ersten Kommunion gesagt hast. Du hattest kurz zuvor die schwere Infektion am Bein, die Dir den Oberschenkelknochen zerstörte. Und mit wieviel Mühe hast Du wieder gehen gelernt! Wir befürchteten, daß es Dir vielleicht unter jenen Bedingungen nie wieder gelingen werde. Aber Du hast immer eine unglaubliche Willenskraft an den Tag gelegt. Mit Ausdauer und Geduld, mit der Hilfe von Stühlen, mit Stöcken, ich weiß nicht wie, hast Du wieder neu begonnen, ganz langsam. Am Tag Deiner Erstkommunion trugst Du Stöcke und hinktest sehr. Es ängstigte uns, wie Du Dich mit soviel Mühe be-

wegtest. Nach der Feier kamst Du auf uns zu und sagtest mit freudiger und tiefer Überzeugung: »Was für ein Glück, daß ich wieder gehen kann!...«
Ich bewundere an Dir Deinen Willen, glücklich zu sein und die positiven Seiten der Realität zu sehen. Wenn Du später, als Dir Deine Bewegungsschwierigkeiten bewußt waren, darüber etwas verlauten ließest, dann geschah es mit einem Anflug ironischer Distanz, indem Du etwa über Dich selber scherztest. »Diese Olgibiris ist doch ein Kakadu!« Ich glaube, es gibt nichts, was Dich verbittern könnte.
Du erinnerst Dich doch an Pater Joan, den Priester, der als Psychologe in der Boscana arbeitete. Dem Pater Joan warst Du sympathisch gerade Deines Dir eigenen Humors wegen. Aber eines Tages hast Du ihn doch mit einer Bemerkung überrascht, von der er mir nachher berichtete.
Ich weiß nicht, um welches Fest es sich handelte; aber er wollte Euch, allen Mädchen in der Boscana, jedenfalls eine Art Rede oder Predigt halten. Dann und wann, nehme ich an, hatte er Euch gepredigt, Ihr solltet die christlichen Tugenden pflegen, solltet die Eltern, die Geschwister, die Lehrer lieben und so fort.
An jenem Tag, während des Gesprächs mit Euch, bevor er seine Rede begann, fiel Dir ein, ihn zu fragen: »Wirst du uns heute wieder dasselbe sagen, was du uns immer sagst?« Pater Joan erzählte mir, Du habest das mit dem ernsten Bewußtsein dessen, der weiß, was er sagt, geäußert; um so mehr sei er um eine Antwort verlegen gewesen und nachdenklich geworden. Deine Bemerkung habe ihn gezwungen, seine Problemstellungen neu zu überdenken und seine Worte zu prüfen, die vielleicht allzusehr Routine geworden waren.
Ja, ich hätte gern ein Heft mit Deinen seltsamen *Scher-*

zen und schlichten *Wahrheiten* vollgeschrieben. Aber ich bin gar nicht sicher, daß ich mit all dem eindrücklichen Material wirklich die Tiefe Deiner Person erfaßt hätte.
Und warum sollte ich Dich in Deiner ganzen Tiefe erfassen, wenn uns das ja auch bei keinem anderen möglich ist? Ich glaube, Dich bis zu einem gewissen Grad zu kennen, liebe Olga; aber alles, was ich in diesen Briefen bisher gesagt habe, ist doch nur ein unvollständiger Versuch einer Annäherung an Dich. Wir kennen das Down-Syndrom, aber damit kennen wir noch nicht die mit dem Down-Syndrom behafteten Menschen. Denn jeder von ihnen ist mit einer persönlichen Identität geboren worden, die, wie die jedes Menschen, einmalig und unbeschreiblich ist und nicht durch den Computer bestimmbar. Und zudem sind diese Menschen dann verschieden aufgewachsen; neben dem unveränderbaren Syndrom hat sich ihre innere Welt durch den Ausbau der angeborenen Möglichkeiten auf uns unbekannte Weise entwikkelt, aber auch auf Grund verschiedener umweltbedingter Einflüsse, die in jedem Fall wieder anders sind.
Also liebe ich an Dir, Olga, was ich von Dir weiß und was Du mir gibst; aber ich liebe auch, was Du als Geheimnis in Dir trägst, das Innerste Deiner Gedanken und Gefühle, das in seiner ›Mangelhaftigkeit‹ meinem ›Wissen‹ unzugänglich ist. Und ich liebe diese Unzugänglichkeit, weil sie mir beweist, daß Du kein katalogisierbares Produkt bist, sondern ein ganz menschliches Wesen, das sich auszeichnet durch eine lebendige Vielfalt, die keine Datenbank festzuhalten vermag.

Noch sind wir zusammen

17

Liebe Olga,

wir nennen Dich Olga in Erinnerung an ein Mädchen, das jung gestorben ist – jünger als Du jetzt bist. In Deiner Krankheit stimmten mehrere Ärzte darin überein, es sei unwahrscheinlich, daß Du alt werdest; die Abnormalen seien in besonderem Maß körperlichen Krankheiten unterworfen und hätten wenig Abwehrstoffe. Wahrscheinlich war das vor einigen Jahren so, aber heute gibt es viele Möglichkeiten, die Lebenserwartungen zu erhöhen.
In Deinem Fall muß man anerkennen, daß Dein Gesundheitszustand sehr gut ist, wenn wir vom mangelhaften Gebiß, der Kurzsichtigkeit und dem Humpeln absehen. Was man mit ›es geht mir schlecht‹ bezeichnet, ist Dir unbekannt. Ich weiß nicht, wie lange schon ich Dich nicht mehr krank im Bett gesehen habe; nicht einmal mit einer Grippe! Deine Systeme arbeiten einwandfrei, und trotz Deiner angeborenen Darmstörung ißt Du viel und verdaust mit Leichtigkeit.
Du bist also bemerkenswert gesund und nimmst keine Medikamente. Ist es denkbar, daß Du Jahr für Jahr so weitermachst und alt wirst? Ist es möglich, daß Deine körperliche Entwicklung der eines normalen Menschen gleicht? Vielleicht weil es heißt, daß die geistig Behinderten weniger lang leben, habe ich Mühe, daran zu glauben, obwohl Du mit dreißig Jahren körperlich nicht anders dran bist als die meisten Deines Alters.

Ich stelle mir vor, daß irgendwann jener plötzliche Zusammenbruch eintritt, jene Schädigung oder jene unaufhaltsame Infektion, von der sie redeten. Die Wahrheit ist, daß ich mich bei keinem Fachmann erkundigt habe, wie es auf Grund des neuesten Forschungsstandes – theoretisch, ich weiß – um Deine Lebenserwartung stehe.
Ich möchte nicht, daß mich irgendeine Meinung beeinflußt, die sich wie andere als vollkommen falsch erweisen könnte. Ich habe mich ab und zu gefragt, Olga, wer von uns beiden eher sterben werde, wer als erster ›in den Himmel komme‹.
Dieses Problem beschäftigt Eltern am meisten. Was geschieht mit den abnormalen Kindern, wenn wir nicht mehr auf dieser Welt sind?
Ich bin vermutlich etwas eigenartig, denn ich denke nicht oft daran; ich habe auch nichts veranlaßt, um vorausschauend mögliche wirtschaftliche und gemüthafte Folgen, wenn ich einmal nicht mehr da bin, zu kompensieren. Offen gestanden habe ich auch nichts hinsichtlich meiner persönlichen Zukunft oder für den Rest der Familie unternommen. Ich habe eigentlich stets dem Leben vertraut. Vielleicht ist das nicht ratsam, aber es ist so; vielleicht ist das ein Mangel meines Charakters. Und dieses Vertrauen ist bis zur Stunde nie enttäuscht worden. Ich meine, daß sich immer wieder sinnvolle Wege finden lassen und daß in den meisten Fällen die Ergebnisse nicht von unseren Absichten abhängen.
Natürlich kann ich schon morgen sterben. Aber diese Möglichkeit ängstigt mich nicht zu sehr; vielleicht weil ich glaube, schon seit Jahren dem Tod als etwas Natürlichem ins Auge zu sehen. Und die Überlegung, liebe Olga, daß Du mich überleben könntest, bringt es nicht fertig – wie dies sicher vernünftiger wäre –, mich zu beunruhigen. Ich muß es Dir sagen, weil es so ist. Vielleicht

bin ich naiv, aber ich glaube, daß Deine Gutartigkeit stets wieder Gutartigkeit vorfinden wird, daß Deine Anpassungsfähigkeit immer wieder jemandem begegnen wird, der sich Dir anpaßt. Selbst wenn das Geld... Ja, das Geld, klar... Aber kann man denn in dieser sich so rasch wandelnden Gesellschaft damit rechnen, daß ein heute gefaßter wirtschaftlicher Entscheid nach so langer Zeit – falls Du siebzig wirst – standhält? Bis zu einem gewissen Grad vielleicht schon, aber ich bin da nicht so sicher. Ferner gründet mein Glaube auf den *Menschen von morgen* – mehr als auf dem Geld von morgen – und auf dem Fortschritt des sozialen Gewissens.

Andererseits muß ich zugeben, daß ich mir Dich alternd nicht vorstellen kann. Vielleicht weil ich keine Erfahrung habe, kein visuelles Bild von Mädchen mit dem Down-Syndrom, die alt werden; sie werden ja eben, wie es heißt, nicht sehr alt. Vielleicht war das bis anhin so, weil sie körperlich sehr anfällig waren; aber heute, dank den Antibiotika und andern Mitteln – werden sie da so alt wie jedermann? Gehörst Du vielleicht zu jener ersten Generation von Mongoloiden, die lange leben?

Oft denke ich, daß ich das gar nicht wünsche; aber es ist ein Gedanke, dem ich keine allzu große Bedeutung beimesse. Ich sehe in Dir einen Glücksengel, der, ich weiß nicht wie, in unser Leben getreten ist; und es ist möglich, daß Du uns plötzlich auch wieder verläßt und daß uns die Erinnerung an Dich als das große Geheimnis unsrer Existenz zurückbleibt.

War die Bezeichnung ›Glücksengel‹ lächerlich? Ich wollte sagen, daß Du mir nie eine schwere Last warst, ein Hindernis auf meinem Weg, ein Störenfried meiner Freuden. Ganz im Gegenteil, Du warst und bist heute noch eine reine Flagge auf dem Meer meiner Widersprüche. Dein Tod wäre also keine Erleichterung, sondern ent-

************** ULB Bonn **************
A U S L E I H E
>> 00022143217 <<
Bartocha, Thea
09.09.2019, 10:29:48 Uhr, rueck3
Zweigstelle: Hauptbibliothek Adenauerallee
****

@201917127 / 21 ORW 214(2)
Eckert, Andreas
468/ Familie und Behinderung : Studien zur
Besondere Leihfrist !
Leihfristende: 07.10.2019

@201917126 / LE 6297
Rosenkranz, Theresia
82/ Familienentlastung : Dienste für Famil
Leihfristende: 08.10.2019

Anzahl entliehener Medien: 2

****

risse mir das wenige Licht, das mir Deinetwegen nie mangelte. Natürlich könnte ich ohne Dich leben, aber ich kann es mir nicht vorstellen.
Dies sind die letzten Zeilen, die ich Dir schreibe, liebe Olga. Jeden Tag habe ich Dir einen Brief geschrieben, oft in der Morgenfrühe, wenn alle schliefen, auch Du. Es hat mir Spaß gemacht, mich im kleinen Arbeitszimmer einzuschließen, der Stille zu lauschen, ununterbrochen zu schreiben, ohne das Geschriebene nachzulesen. Ich habe diese Briefe in seltsamer Eile geschrieben, wie jemand, der einen unentbehrlichen und dringenden Text nach außen stülpt, und ich weiß nicht genau, habe ich ein Testament oder einen Geburtsschein auf das Leben abgefaßt.
Jetzt sind sie geschrieben, und wie immer, wenn ich etwas geschrieben habe, werde ich sie bald vergessen.
Neue Arbeiten, neue Sorgen, neue Bücher werden kommen. Und eines Tages wirst Du mich rufen: »Heute ist Fußball im Fernsehen.« Wir werden in die Pizzeria essen gehen, wo sie zu Dir *signorinella* sagen, und Du wirst wieder Deine Brille kaputtmachen, und man wird Dein Katzengesicht besser sehen. Nie werden wir für Dich die idealen Einlegesohlen finden, und wir werden im Wagen wieder, wie seit Jahren, die *piccolissima serenata* singen: die man mit ›einem Stimmfaden singen kann‹, mit einem *fil di voce*.
Mit Deinem Stimmfaden haben wir, liebe Olga, den Gesang des Lebens angestimmt.
Zehn Küsse, wie immer; indem ich Dir zehn Küsse gab, lerntest Du zählen.
Und Du hast stets mit elf Küssen antworten wollen – Du Spaßvogel und Zärtliche.
Dank für alles, liebe Olga.

Juni-Juli 1986

fi 26 / 16 b

Lebenskrisen · Lebenschancen

Mary MacCracken
Lovey
Die Therapie eines schwierigen Kindes
Band 3274

Kristine Malecki-Gilys
Diese eine Reise noch
Eine Mutter stirbt
Band 11037

Angelika Mechtel
Jeden Tag will ich leben
Ein Krebstagebuch
Band 10874

Dieter Menninger
Lerne Abschied nehmen
Protokolle eines Schlaganfalls
Band 11089

Helene Merz
Die verborgene Wirklichkeit
Geschichte einer Verstörung
Band 3265

Ulrike Millhahn
Von der Schwierigkeit eine gute Stiefmutter zu sein
Band 11141

I. Poppe-Teufel
Tollkirschenzeit
Malignes Melanom als Erfahrung der Lebensgrenze
Band 10419

Jennifer Roth
Der Weg der Glückseligkeit
Meine Jahre in einer totalitären Sekte
Band 11081

Beat Schliep
Von Arzt zu Arzt
Die Odyssee eines Kranken. Bd. 10749

Hans D. Wallburg
Nachtfrost
Tagebuch eines Alkoholrückfalls
Band 11689

K.-D. Wehmeier (Hg.)
Trocken und clean
Süchtige berichten
Band 11845

Ulrike Willecke
Unser Sohn aus Indien
Die dramatische Geschichte einer Adoption. Bd. 12015

Necha Zupnik
Janina ist nicht wie die anderen
Band 11325

Fischer Taschenbuch Verlag

fi 26 / 11 c